A arte de fazer um jornal diário

LEIA TAMBÉM

A arte de entrevistar bem Thaís Oyama
A arte de escrever bem Dad Squarisi e Arlete Salvador
A arte de fazer um jornal diário Ricardo Noblat
A imprensa e o dever de liberdade Eugênio Bucci
A mídia e seus truques Nilton Hernandes
Assessoria de imprensa Maristela Mafei
Comunicação corporativa Maristela Mafei e Valdete Cecato
Correspondente internacional Carlos Eduardo Lins da Silva
Escrever melhor Dad Squarisi e Arlete Salvador
Ética no jornalismo Rogério Christofoletti
Hipertexto, hipermídia Pollyana Ferrari (org.)
História da imprensa no Brasil Ana Luiza Martins e Tania Regina de Luca (orgs.)
História da televisão no Brasil Ana Paula Goulart Ribeiro, Igor Sacramento e Marco Roxo (orgs.)
Jornalismo científico Fabíola de Oliveira
Jornalismo cultural Daniel Piza
Jornalismo de rádio Milton Jung
Jornalismo de revista Marília Scalzo
Jornalismo de TV Luciana Bistane e Luciane Bacellar
Jornalismo e publicidade no rádio Roseann Kennedy e Amadeu Nogueira de Paula
Jornalismo digital Pollyana Ferrari
Jornalismo econômico Suely Caldas
Jornalismo internacional João Batista Natali
Jornalismo investigativo Leandro Fortes
Jornalismo literário Felipe Pena
Jornalismo político Franklin Martins
Jornalismo popular Márcia Franz Amaral
Livro-reportagem Eduardo Belo
Manual do foca Thaïs de Mendonça Jorge
Manual do frila Maurício Oliveira
Manual do jornalismo esportivo Heródoto Barbeiro e Patrícia Rangel
Os jornais podem desaparecer? Philip Meyer
Os segredos das redações Leandro Fortes
Perfis & entrevistas Daniel Piza
Reportagem na TV Alexandre Carvalho, Fábio Diamante, Thiago Bruniera e Sérgio Utsch (orgs.)
Teoria do jornalismo Felipe Pena

A arte de fazer um jornal diário

Ricardo Noblat

Copyright © 2002 Ricardo Noblat
Todos os direitos desta edição reservados à
Editora Contexto (Editora Pinsky Ltda.)

Coordenadora: Luciana Pinsky
Preparação de originais: Edna Adorno
Projeto Gráfico e Diagramação: Cia. Editorial
Revisão: Maitê Carvalho Casacchi, Texto & Arte Serviços Editoriais
Capa: Marcelo Mandruca
Fota da capa: José Varella

Dados Internacionais de Catalogação na Publicação (CIP)
(Câmara Brasileira do Livro, SP, Brasil)

Noblat, Ricardo.
A arte de fazer um jornal diário / Ricardo Noblat. –
8. ed., 2ª reimpressão. – São Paulo : Contexto, 2016. –
(Coleção comunicação)

Bibliografia.
ISBN 978-85-7244-211-4

1. Comunicação escrita e impressa. 2. Jornalismo. I. Título: A arte de fazer um jornal diário. III. Série.

02-5321 CDD-070.172

Índice para catálogo sistemático:
1. Jornalismo impresso 070.172

EDITORA CONTEXTO
Diretor editorial: *Jaime Pinsky*

Rua Dr. José Elias, 520 – Alto da Lapa
05083-030 – São Paulo – SP
PABX: (11) 3832 5838
contexto@editoracontexto.com.br
www.editoracontexto.com.br

2016

Proibida a reprodução total ou parcial.
Os infratores serão processados na forma da lei.

SUMÁRIO

CAPÍTULO I
Assim é, se lhe parece 11
   Tragédia (ou comédia, se preferirem) em um único ato 11
   O futuro dos jornais 13

CAPÍTULO II
Sem olhar para a TV 21
   Para que serve um jornal 21
   Quem matou Tim Lopes 22
   Valores preservados 25
   Jornalista não é Deus 27
   Casos da vida privada 28
   De olho na história 29
   Boa notícia vende 31

CAPÍTULO III
Sobre a arte de apurar 33
   O que se espera de vocês 33
   Contra a pressa 38
   Deem graças a Deus 38
   Perdão. Erramos 39
   O que é jazz? 40
   Um por todos, todos por um 42

Quanto vale um detalhe	42
Só para quem tem faro	44
Elementar, meus caros	45
Na mira da polícia	45
Quando o melhor é parar	50
Gente é gente	50
Uma versão, nada mais	51
Danem-se os leitores!	52
Dane-se todo mundo!	53
Duvidem antes de tudo	54
O risco de acreditar	54
Nada é como parece	56
Se parece, corram atrás	59
Pouco espaço	59
Sem deixar pelo meio	60
A culpa é sua	60
Quem é seu patrão	61
A melhor de todas as fontes	62
Todo cuidado é pouco	63
Eles que se cuidem	64
Sigilo atrás das grades	65
Vale mais ver do que ouvir	66
Se viram, contem	66
Sejam burros acima de tudo	67
Pesquisa é para pesquisar	68
Como perguntar	68
Observem tudo	70
Perguntem tudo	71
Lembrem-se do contexto	72
Fato tem memória	74
Fato sem memória	74
Digam não à preguiça	75

CAPÍTULO IV

Sobre a arte de escrever 77

    Respeito à língua é bom 77

    Esqueçam. Não há receita 79

    Sem contraindicação 82

    Sem complicar 83

    Peçam. Não solicitem 84

    Nem que a vaca tussa 85

    Abaixo os chavões 85

    É o caos 86

    Livrem-se deles 87

    Ao sol o que lhe cabe 88

    Só achem se lhes pedirem 89

    Só achem se valer a pena 90

    É melhor anotar 91

    Reescrever é preciso 91

    Começar de novo 95

    A dor da traição 96

    Somente uma bala 100

    Tudo por um saque 109

    Sem degraus 110

CAPÍTULO V

Sobre tantas outras artes 111

    Lição de Luanda 111

    O segredo do Tostines 112

    O jornal de amanhã 114

    Contem outra 115

    Crime de estelionato 117

    Papel? Que papel? 117

Para vender mais 118
"Pode" não é nada 118
Abaixo o ponto de interrogação 119
Adeus, Argentina! 120
A vida como ela é 121
Combinem o jogo 122
Perigos à vista 123

CAPÍTULO VI
Em louvor de Frei Damião 129

CAPÍTULO VII
A reinvenção de um jornal 143
No princípio era o verbo 144
E o verbo ganhou um rosto 146
E do rosto se fez um novo jornal 147
Princípios gerais do *Correio* 2000 148
Quem planta, colhe 153

CAPÍTULO VIII
De Gutenberg aos nossos dias 163

Bibliografia 173

Sobre o alucinado ofício do jornalismo

"*Pois o jornalismo é uma paixão insaciável que só se pode digerir e torná-lo humano por sua confrontação descarnada com a realidade.*

Ninguém que não a tenha sofrido pode imaginar essa servidão que se alimenta dos imprevistos da vida.

Ninguém que não a tenha vivido pode conceber, sequer, o que é essa palpitação sobrenatural da notícia, o orgasmo das primícias, a demolição moral do fracasso.

Ninguém que não tenha nascido para isso e esteja disposto a viver só para isso poderá persistir num ofício tão incompreensível e voraz, cuja obra se acaba depois de cada notícia como se fora para sempre, mas que não permite um instante de paz enquanto não se recomeça com mais ardor do que nunca no minuto seguinte."

(Gabriel García Márquez)

A imprensa existe para satisfazer os aflitos e afligir os satisfeitos.

CAPÍTULO I

Assim é, se lhe parece

TRAGÉDIA (OU COMÉDIA, SE PREFERIREM) EM UM ÚNICO ATO

Cenário: uma banca de jornal no centro de uma cidade.

Personagens: um jornalista que tenta comprar jornais e revistas e um cidadão de meia idade que lê as manchetes dos jornais expostos na banca.

Cidadão — Eu acho que conheço o senhor... O senhor é jornalista, não é mesmo?

Jornalista — É, eu sou...

Cidadão — Já vi sua fotografia no jornal...

Jornalista — É, ela já saiu algumas vezes...

Cidadão — Posso lhe perguntar uma coisa?

Jornalista — Veja, eu estou meio apressado... Mas pode perguntar, sim.

Cidadão — Por que os jornais se parecem tanto?

Jornalista — Como?

Cidadão — Por que os jornais são tão parecidos? Por que tratam quase sempre dos mesmos assuntos?

Jornalista — Porque notícias importantes interessam a todos eles. E são publicadas por todos.

Cidadão — E quem decide que uma notícia é importante?

Jornalista — Ora, nós sabemos quando estamos diante de uma notícia importante.

Cidadão — Então são os jornalistas que decidem quando uma notícia é importante?

Jornalista — Bem, digamos que seja...

Cidadão — E se os jornais se parecem tanto é porque os jornalistas pensam da mesma maneira?

Jornalista — Mais ou menos...

Cidadão — Quem compra jornal pensa como a maioria dos jornalistas?

Jornalista — Acho que não. Há pesquisas nos Estados Unidos que provam que não. Mas se compra é porque reconhece que os jornalistas sabem em geral escolher bem o que publicam.

Cidadão — Então os jornais vendem cada vez mais?

Jornalista — Não, a maioria dos jornais no mundo vende cada vez menos.

(O cidadão olha o jornalista com ar de espanto e se cala por alguns segundos. Quando vê que o jornalista faz menção de ir embora, retoma as perguntas.)

Cidadão — Por que os jornais têm tantas páginas?

Jornalista — Porque têm muitas notícias e anúncios.

Cidadão — E as pessoas têm tempo para ler tanta coisa?

Jornalista — Não. Cada vez elas têm menos tempo.

Cidadão — E tem aumentado o volume de anúncios nos jornais?

Jornalista — Pelo contrário.

Cidadão — Então por que os jornais não têm menos páginas?

Jornalista — Não sei... Mas o senhor está começando a me irritar...

(O cidadão parece claramente confuso. O jornalista se empenha em fazer de conta de que está apenas irritado com tantas perguntas.)

Cidadão — Jornal existe para quê?

Jornalista — Para informar as pessoas. Também para instruí-las e diverti-las.

Cidadão — Então tudo o que interessa às pessoas tem no jornal?

Jornalista — Quase tudo. Ou grande parte.

Cidadão — Os jornais publicam muitas notícias sobre política e economia, não é?

Jornalista — Publicam, sim.

Cidadão — Quer dizer que os leitores se interessam muito por elas?

Jornalista — Não, elas despertam cada vez menos interesse. Pelo menos da forma como são escritas ou apresentadas.

Cidadão — E que tipo de notícias desperta mais interesse nos leitores?

Jornalista — Notícias sobre temas que afetam mais diretamente a vida deles. Notícias, por exemplo, sobre saúde, educação, sexo, ciência, políticas públicas...

Cidadão — Mas os jornais não estão cheios delas, não é?

Jornalista — É. Não estão...

(A essa altura, o jornalista e o cidadão estão rodeados por meia dúzia de pessoas que passavam por ali e se interessaram pela conversa.)

Cidadão — Os jovens leem jornais?

Jornalista — Leem pouco. E cada vez menos.

Cidadão — Mas o que os jornais fazem para atraí-los?

Jornalista — Não fazem muita coisa.

Cidadão — Se não atraírem leitores jovens, no futuro os jornais não terão mais leitores, estou certo?

Jornalista — Está, sim. É mais ou menos isso.

Cidadão — Então a ideia dos jornalistas é acabar com os jornais...

Jornalista — O senhor me desculpe, mas tenho que ir embora.

(O jornalista sai de cena. O cidadão e as demais pessoas ficam por ali comentando baixinho o que ouviram. A cortina baixa.)

O FUTURO DOS JORNAIS

É feia a crise. Estou convencido de que donos de jornal e jornalistas compartilham o firme propósito de acabar com os jornais. Ou então são burros. Até admito que acabar com os jornais não seja a real intenção deles. Quando nada porque os donos ficariam sem seus negócios e os jornalistas, sem seus empregos.

Mas que parece terem firmado uma santa aliança para acabar com os jornais, parece sim. Os donos porque administram mal as

empresas; os jornalistas porque insistem com um modelo de jornal que desagrada às pessoas. Pensem um pouco na gravidade dos seguintes fatos:
- a receita de publicidade dos jornais em 2001 foi 7,2% menor em termos reais do que a do ano anterior. Nos Estados Unidos, a queda foi de 11,5%, a maior desde a "Grande Recessão" dos anos 30;
- os jornais venderam 0,46% a mais de exemplares em 2001 se comparado com 2000. Só que desde 1977 eles vinham crescendo a uma taxa média anual de 4,8%;
- nos últimos seis anos, o volume de dinheiro gasto com publicidade aumentou em 75% no Brasil. Mas a participação dos jornais no bolo publicitário caiu de 28% em 1995 para 21% em 2001;
- entre março de 2001 e março de 2002, os 15 maiores jornais brasileiros, responsáveis por 74% do volume total de exemplares vendidos no país, diminuíram sua circulação em 12%. Deixaram de vender exatos 346.376 exemplares. É como se uma edição inteira da *Folha de São Paulo* tivesse deixado de circular.

Os jovens, principalmente eles, fogem da leitura dos jornais e preferem informar-se por outros meios. Ou simplesmente não se informam. Uma fatia crescente deles adere à internet.

A Associação Americana de Jornais entrevistou 4.003 adultos com mais de 18 anos nos dois primeiros meses de 2000. Setenta e cinco por cento dos entrevistados de 18 a 24 anos disseram que a internet "mexe" com a imaginação deles. E somente 45% disseram o mesmo em relação aos jornais.

A pesquisa revelou que a utilização da internet como fonte de notícias aumentou nos Estados Unidos em 127% entre 1997 e 2000. No mesmo período, o consumo de jornais despencou quase 12% e os telejornais nacionais e mundiais perderam 14% de sua audiência.

A internet também começa a tomar anúncios antes destinados aos jornais. Até 2010, os jornais deverão perder para a Web de 10 a 30% de sua receita com publicidade, segundo executivos da área ouvidos em 2001 pela Innovation Internacional Media Consulting Group. Somente nos Estados Unidos, a publicidade on-line saltou de 200 milhões de dólares em 1996 para 4 bilhões a 12 bilhões de dólares em 2000, a depender da fonte que se consulte. É muito dinheiro. E o salto foi muito grande.

A Associação Americana de Jornais vem anotando há 50 anos as queixas mais comuns dos leitores de jornais. E elas são quase sempre as mesmas. Queixam-se os leitores de constantes erros de ortografia, da tinta usada pelos jornais que lhes mancham as mãos e a roupa, das páginas que se soltam quando manipuladas, do excesso de páginas e do formato dos jornais.

E o que os jornais fizeram ou estão fazendo para atender as reclamações dos leitores? Pouca coisa. No segundo semestre de 2002, por exemplo, não chegava a meia dúzia o número de jornais no Brasil que desenvolvia algum tipo de programa para combater o número de erros de ortografia. Aqui e em toda parte, os leitores continuam a receber jornais maçudos que nem mesmo os jornalistas conseguem ler integralmente.

A direção do The New York Times descobriu em 2001 que seus leitores mais fiéis só liam 10% do jornal.

Os leitores acham que o cardápio de assuntos dos jornais está mais de acordo com o gosto dos jornalistas do que com o gosto deles. E que a visão que os jornalistas têm da vida é muito distante da visão que eles têm. Nada disso, porém, parece abalar jornalistas e donos de jornal. Eles se comportam como se soubessem, mais do que os leitores, o que estes querem, têm obrigação de querer ou devem deixar de querer.

No caso brasileiro, acrescente-se ao rol das queixas a cobrança por jornais mais baratos. Os nossos são muito caros. E é pequeno o público disposto a pagar por eles.

Como vender muitos jornais em um país que é pentacampeão mundial de futebol e semifinalista no quesito pior distribuição de renda do mundo?

Temos 53 milhões de pessoas que vivem abaixo da linha de pobreza. E 23 milhões delas são miseráveis. Nos últimos cinco anos, a taxa de desemprego aumentou em 23% e o poder de compra dos salários desabou em 35%. O país cresceu 14% em 1973 e, em 2002, só deverá crescer 1%, se tanto.

Em 2000, cada grupo de mil japoneses comprava 500 exemplares de jornais. Aqui, no mesmo período, cada grupo de mil pessoas só comprava 44 exemplares.

As empresas costumam atribuir ao fabricantes de papel e de outros insumos a culpa pelos elevados preços dos jornais no Brasil. É fato que quase toda a matéria-prima empregada na confecção de um jornal é importada. E que o preço da tonelada do papel foi reajustado 22 vezes nos últimos 31 anos.

Mas se for descontada a inflação do período, o preço do papel baixou em vez de subir. O que subiu 31 vezes em 31 anos foi o preço dos anúncios nos jornais.

O que também aumentou ou no mínimo permaneceu estável foi o nível de incompetência das empresas para gerir seus negócios.

Com o aparecimento do real em julho de 1994, as empresas jornalísticas acreditaram no sonho de um país sem inflação e com taxas de crescimento econômico para lá de razoáveis. Deram todo o apoio possível ao governo que lhes fez essa promessa. Endividaram-se em dólares. Modernizaram seus parques gráficos. Lançaram novos títulos de jornais. Diversificaram seus investimentos. Resultado: no início do segundo semestre de 2002, a maioria delas estava quase quebrada. Várias estavam literalmente quebradas.

O modelo dos jornais está em xeque. E não é porque donos de jornal e jornalistas desconheçam esse fato. O modelo está em xeque porque o medo de mudar é maior do que o medo de conservar algo que se desmancha no ar. Donos de jornal e jornalistas estão cansados de saber que os jornais devem:

- renovar sua pauta de assuntos para ganhar mais leitores, principalmente mulheres e jovens;
- surpreender mais e mais os leitores com informações que eles desconheçam;

- humanizar o noticiário e abordar os temas pela óptica dos leitores;
- interagir com os leitores e abrir mais espaço para que falem e sejam ouvidos;
- conferir menos importância às notícias de ontem e ocupar-se em antecipar as que ainda estão por vir;
- apostar em reportagens porque são elas que diferenciam um jornal de outro;
- dar mais tempo aos repórteres para que apurem e escrevam bem;
- publicar textos que emocionem, comovam e inquietem;
- resistir à tentação de absorver prioridades tão características da televisão: superficialismo, entretenimento, diversão, busca de audiência a qualquer preço;
- investir pesado na qualificação dos seus profissionais;
- depender menos de anúncios e mais da venda de exemplares;
- e mais importante do que tudo acima, fazer jornalismo com independência e que tome partido da sociedade.

É o conteúdo que vende jornal. Somente uma mudança radical de conteúdo, aqui e em qualquer outro lugar, será capaz de prolongar a lenta agonia dos jornais.

Mas como promovê-la se os donos de jornal não querem correr riscos, se no caso do Brasil os jornalistas mais experientes se desencantam com a profissão e a abandonam em troca de empregos que lhes paguem melhor e que lhes ofereçam melhores condições de vida, e se as redações estão cada vez mais povoadas de jovens?

Nada tenho contra os jovens. Até porque já fui um deles e comecei a trabalhar em jornal com 17 anos. Mas são poucas as pessoas com menos de 25 anos que já leram muito, aprenderam muito e acumularam muitas experiências. E quando entrei em uma redação pela primeira vez quase todos que nela encontrei tinham cabelo grisalho.

Jovens deveriam ser minoria nas redações de jornais. Porque o exercício do jornalismo sério, responsável e de qualidade superior exige o que a maioria dos jovens jornalistas ainda não tem por causa de sua pouca idade. Mas jornalista recém-formado custa barato. E as empresas preferem gastar menos com os produtores de conteúdo e mais com equipamentos gráficos e eletrônicos de última geração, consultorias para tudo e qualquer coisa e adoção de novos modelos de gerenciamento.

Por toda parte, as redações são vistas pelos donos e administradores de empresas jornalísticas como sorvedouros de recursos, perdulárias e alvos prioritários de medidas de economia. As redações não estão apenas mais jovens. Estão cada vez mais enxutas – e, por extensão, sobrecarregadas.

Como exigir, pois, que jovens recém-formados, mal pagos e obrigados a cumprir exaustivas jornadas de trabalho ajudem a reinventar os jornais e interrompam sua trajetória ladeira abaixo?

O atestado de óbito dos jornais diários foi assinado e lavrado em cartório pelo menos quatro vezes no século passado. A primeira vez, quando se inventou o rádio; a segunda, quando a televisão entrou no ar; a terceira, quando surgiu a internet; e a última, quando a revolução digital juntou em um único sistema o que antes existia em separado – a escrita, o som e a imagem.

O dono e fundador da Microsoft, Bill Gates, previu em 1998 que daí a dois anos não mais existiriam jornais e revistas. E no início de 2002, o executivo Dick Brass, empregado de Gates, previu que a última edição do *The New York Times* circularia em 2018. Ao saber da profecia de Brass, o principal diretor do *The New York Times*, Arthur Sulzberg Jr., deu de ombros e resmungou: "Que fazer?". E acrescentou: "Vamos continuar como a principal fonte de notícias e informações dos Estados Unidos. E talvez do mundo".

A soberba, mãe de todos os pecados, costuma ditar o comportamento de jornalistas poderosos. E dos poderosos em geral. Sulzberg Jr. tem o poder. Porque manda no melhor e mais influente jornal do planeta. Mas não incorreu em pecado quando respondeu a Brass naqueles termos. Na verdade, as empresas jornalísticas que conseguirem atravessar os turbulentos anos da primeira década do século XXI permanecerão como produtoras importantes de conteúdo. Talvez as mais importantes.

Os jornais, contudo, morrerão, sinto dizer-lhes isso. Tal como existem hoje, tudo indica que morrerão. Só não me arrisco a dizer quando.

Que viva, pois, o jornalismo! Porque pouco importa a forma que os jornais venham a tomar no futuro, pouco importa se alguns deles acabarão preservados como espécies de relíquias – o homem sempre precisará de informações.

Se vocês quiserem, contudo, dar sua contribuição para prolongar a vida dos atuais jornais ou pelo menos reunir argumentos para falar mal deles, prestem atenção ao que lhes direi nos próximos capítulos. E se o que lhes disser não for de todo enfadonho, leiam este livro até o fim.

Ele foi concebido para ser útil a qualquer pessoa que se interesse por jornalismo, ao estudante, ao recém-formado, e também ao jornalista veterano que alimentar o intuito solerte de decretar depois, com ar arrogante: "Dei uma lida no livro assim por cima. Não tem nada demais". Na ocasião, aposto que ele ouvirá de outro colega: "Achei uma merda". E um terceiro, adepto de frases feitas, encerrará a discussão com a sentença definitiva: "Não li e não gostei".

Que fazer? Nós, jornalistas, somos assim mesmo. E para alguma coisa servimos.

CAPÍTULO II

Sem olhar para a TV
(reflexões sobre ética, valores e vida privada)

PARA QUE SERVE UM JORNAL

Um jornal não é apenas um prédio cheio de gente e de máquinas capaz de produzir a cada expediente um número variável de folhas com um apreciável volume de informações.

Um jornal não se limita a ser a soma de registros úteis destinados a orientar a vida das pessoas a curto prazo.

Um jornal não é simplesmente uma espécie de ata do cotidiano de um lugar ou de um ajuntamento de lugares.

E muito menos deve ser uma oportunidade de negócios para o proveito dos que são os primeiros a dele beneficiar-se – acionistas, empregados e fornecedores.

Um jornal é ou deveria ser um espelho da consciência crítica de uma comunidade em determinado espaço de tempo. Um espelho que reflita com nitidez a dimensão aproximada ou real dessa consciência. E que não tema jamais ampliá-la. Pois se não lhe faltarem talento e coragem, refletirá tão somente uma consciência que de todo ainda não amanheceu. Mas que acabará por amanhecer.

Jornalismo não é obra exclusiva de jornalistas. Tanto quanto nós, os leitores são também responsáveis pelo bom ou mau jornalismo que fazemos. Porque eles têm o poder, e todo o poder. Podem comprar um jornal se quiserem. E se quiserem, podem deixar de comprá-lo.

Digo que um jornal pode estar até mesmo adiante do sentimento da média das pessoas que o leem. E feri-lo por causa disso. Mas se for crível, e outra coisa não lhe cabe ser, e se lhe reconhecerem a honestidade, poderá operar a mudança do sentimento.

A única coisa que um jornal não pode é deixar-se ficar para trás quando seus leitores avançam. Porque não haverá futuro para um jornal assim.

A democracia depende de cidadãos bem informados.

Jornal depende da confiança pública.

Antes de ser um negócio, jornal deve ser visto como um serviço público. E como servidor público deverá proceder. Mais do que informações e conhecimentos, o jornal deve transmitir entendimento. Porque é do entendimento que deriva o poder. E em uma democracia, o poder é dos cidadãos.

Por mais que soe ingênuo, pueril e até mesmo fora de moda, afirmo que o dever número um dos jornalistas é com a verdade – mesmo que ela não seja algo claramente identificável.

O dever número dois é com o jornalismo independente.

O número três é com os cidadãos. Não se deve ter vergonha de tomar partido deles.

O quarto dever do jornalista é com sua própria consciência.

Tais deveres se tornam ainda mais relevantes diante do surgimento recente de grandes conglomerados de mídia com alcance universal.

No começo de 2002 havia pelo menos 12 formidáveis impérios de comunicação no mundo, quase todos controlados por corporações alheias ao ramo.

Jornalismo nada tem a ver com essas corporações. Elas reconhecem o impacto poderoso da mídia no processo político. Sabem quanto a mídia ajuda a formar opinião sobre os assuntos públicos. E querem por meio dela influenciar governos, ampliar seus negócios e lucrar mais. É só isso. E isso é muito perigoso.

A concentração de veículos de comunicação nas mãos de poucos donos conspira contra o jornalismo de qualidade e é uma séria ameaça ao pluralismo de opinião.

QUEM MATOU TIM LOPES

No início do novo milênio a ninguém era mais assegurado o direito de ir e de vir livremente nas maiores cidades brasileiras, como manda a Constituição. Por que então o jornalista Tim Lopes, da TV Globo, imaginou que poderia escapar ileso da incursão a uma favela carioca onde pretendia filmar às escondidas a exploração sexual de menores em um baile promovido por uma organização criminosa?

Certamente, Tim Lopes foi vítima do que o escritor colombiano Gabriel García Márquez definiu como "uma paixão insaciável" pelo jornalismo. Mas não só. A omissão do Estado, incapaz de garantir a segurança dos cidadãos, empunhou a espada dos traficantes de drogas que retalhou o corpo de Tim. Quem lhe aplicou o golpe fatal, contudo, foi um conceito de jornalismo que degrada a profissão e pode até matar jornalistas.

Não existe liberdade absoluta. Como não existe verdade absoluta. Os crentes enxergam Deus como uma verdade inquestionável; os ateus, como uma invenção das religiões para controlar os homens e impor-lhes certos limites. O direito de uma sociedade à livre informação é relativo; como de resto, tudo na vida. É descabido, pois, que empresas jornalísticas exponham a vida dos seus profissionais a riscos temerários.

Tim Lopes se expôs ao risco de morrer porque quis, porque foi autorizado por seus chefes a fazê-lo e também porque grassa cada vez mais por toda parte um tipo de jornalismo que não distingue *o que interessa ao público* do que é *de interesse público*.

Sobretudo na TV, notícia e espetáculo se confundem. Empregam-se técnicas de show para construir "a realidade". E a fantasia que daí emerge garante audiência.

Era *de interesse público* a denúncia de que menores são explorados sexualmente por líderes do narcotráfico nas favelas do Rio. A forma de documentá-la, na medida em que poderia custar a vida do seu autor, é que foi errada e irresponsável. Tim Lopes muniu-se de uma minicâmera oculta, subiu sozinho o morro e acabou preso, cruelmente torturado e morto. Seu corpo foi incinerado em meio a pneus.

O que interessa ao público nem sempre é de interesse público. Infelizmente, estimular os baixos instintos do ser humano, por exemplo, interessa a uma expressiva fatia do público. Aumenta as vendas de um jornal. E amplia a audiência de uma emissora de televisão. Mas proceder assim é condenável porque em vez de contribuir para a elevação dos padrões morais da sociedade, o jornalismo os rebaixa.

Há ainda na tragédia protagonizada por Tim Lopes um outro aspecto que cobra uma reflexão urgente e profunda dos jornalistas e dos seus patrões. Porque sou jornalista e porque vivemos em uma democracia estou liberado para valer-me de qualquer recurso que assegure à sociedade o direito de tudo saber? Posso roubar documentos, mentir, gravar conversas sem autorização, violar leis?

Onde está escrito que disponho de tais prerrogativas? Quem me deu imunidade para rasgar códigos que regulam o comportamento das demais pessoas? Tenho dois filhos que estudam jornalismo. Uma vez formados, eles poderão enganar seus interlocutores para extrair informações e depois traí-los. Minha filha, que se formará em pedagogia, porém, deverá ensinar a seus futuros alunos que é errado mentir e trair.

A jornalista Janet Malcolm, autora do livro *O Jornalista e o Assassino*, escreveu palavras muito duras a respeito dos métodos que a maioria de nós utiliza na caça à informação:

> Qualquer jornalista que não seja demasiado obtuso ou cheio de si para perceber o que está acontecendo sabe que o que faz é moralmente indefensável. Ele é uma espécie de confidente que se nutre da vaidade, da ignorância ou da solidão das pessoas. (...)
>
> Os jornalistas justificam a própria traição de várias maneiras. (...) Os mais pomposos falam de liberdade de expressão e do "direito do público de saber"; os menos talentosos falam sobre a Arte; os mais decentes murmuram algo sobre ganhar a vida.

Se quisermos ser mais respeitados e servir melhor ao público, teremos de repensar com seriedade os fundamentos do jornalismo. Seja para resgatar os que nos pareçam mais sadios e utópicos, seja para nos livrar de sua contrafação imposta pela realidade perversa de um mercado extremamente competitivo e predador.

Depois de uma vida dedicada acima de tudo a emprestar sua voz aos que não costumam ser ouvidos, o jornalista Tim Lopes pode afinal dormir em paz. Nós, ao contrário, temos de acordar.

VALORES PRESERVADOS

Antes do advento da televisão, os fatos em geral só "aconteciam" quando os jornais os publicavam. Por "acontecer", entenda-se alcançar ampla repercussão e provocar consequências que extrapolem os estreitos limites onde tais fatos ocorreram.

Havia situações em que eles só ganhavam o status de acontecimento se fossem registrados por determinados jornais. A força destes derivava da credibilidade que lhes fora conferida pelo público. Não dependia – e até hoje não depende – do tamanho de sua carteira de assinantes.

A televisão subtraiu dos jornais o papel de "produtor de fatos". Isso não seria de todo mau se o interesse da televisão pelos fatos fosse orientado por motivos muito além dos simplesmente mercantis. Não é o que ocorre. Nem aqui nem em parte alguma.

Os jornais que resistem à influência avassaladora da televisão ainda são capazes de enxergar a relevância social de um fato e de dar-lhe a importância devida. A televisão comercial, não. Ela examina o fato, antes de tudo, à luz da riqueza de imagens que possa oferecer. E da audiência que possa atrair. É por isso que a maioria dos telejornais dedica tanto espaço a notícias sem muita importância, mas que plasticamente são belas. E reduz a poucos segundos, quando simplesmente não ignora, notícias relevantes, mas pobres de imagem. Ou notícias de baixo potencial de audiência.

Tome-se como exemplo o ataque americano e inglês ao Iraque no final de 1998. Ele ocupou a atenção das emissoras de televisão enquanto foi capaz de produzir imagens de aviões decolando, mísseis explodindo e dos estragos feitos em Bagdá e nos seus arredores. Tão logo cessou, a televisão abandonou o assunto.

Lembram-se da guerra na Somália, aquele miserável país africano? A televisão descobriu que ela existia quando os fuzileiros americanos nele desembarcaram. Esqueceu-a quando eles foram embora. A guerra continuou. A guerra civil de Angola durou mais de 30 anos. E raras vezes a televisão se ocupou dela. Anotem para me cobrar depois: o Afeganistão será esquecido quando os soldados americanos saírem dali.

A função social do jornalismo é exercida com mais propriedade pelos veículos de comunicação impressos – embora nem sempre por todos eles. O *Jornal Nacional* da TV Globo é capaz de gastar com o nascimento da filha da apresentadora Xuxa mais do dobro do tempo que gastou com o leilão da Telebrás. Sabe-se hoje sobre o parto da Xuxa mais do que a Globo informou sobre a maior transação econômica da história do país – um negócio de 22 bilhões de reais.

Que importa saber que Xuxa sofreu um corte de seis centímetros durante a operação de cesariana? O *Jornal da Globo* achou que importava. Que importa saber que Xuxa amamentou a filha quinze minutos depois do parto? Um jornal do Rio de Janeiro achou que importava.

Eis aqui onde mora o perigo: a subordinação dos jornais aos princípios que instruem o jornalismo de televisão. Jornal é um negócio como qualquer outro. Se não der lucro, morre. Por isso deve estar sempre atento às necessidades dos leitores. Mas jornal também é um negócio diferente de qualquer outro. Existe para servir antes de tudo ao conjunto de valores mais ou menos consensuais que orientam o aperfeiçoamento de uma determinada sociedade. Valores como a liberdade, a igualdade social e o respeito aos direitos fundamentais do ser humano.

Para cumprir o papel que lhe cabe, o jornal não pode abdicar de tais valores – mesmo que isso implique colidir com as chamadas leis do mercado. Que podem ser resumidas numa só: oferecer ao leitor apenas o que ele quer. Ou pensa que quer.

Considero condenados à morte precoce os jornais que teimem em encarar a concorrência com a televisão assimilando seu ideário e pautando-se pelos paradigmas que ela estabelece. Poderão até ganhar uma sobrevida sujeita a alguns momentos de ilusório sucesso. Por fim, desaparecerão.

Bem-aventurados serão aqueles que repensarem seu conteúdo para acompanhar as transformações do mundo onde operam e capturar novos leitores – sem abdicar, contudo, dos princípios que justificam a existência dos jornais desde que eles foram inventados.

Será essa uma visão elitista e romântica da missão de um jornal? Muitos responderão que sim. Creio que não.

JORNALISTA NÃO É DEUS

O *Correio Braziliense* deixou de publicar algumas reportagens que teriam produzido grande impacto entre os leitores desde que adotou seu código de ética.

Quer dizer que o código impede em determinadas circunstâncias que se publiquem reportagens capazes de repercutir intensamente? E de vender jornal? A resposta é sim. E a razão, muito simples: em alguns casos, o repórter só obtém informações se deixar de lado o comportamento ético ditado por códigos profissionais ou pela própria consciência. A ética deve prevalecer até mesmo sobre a obrigação que tem o jornal de revelar o que possa interessar ao leitor.

Um dos artigos do código do *Correio*, por exemplo, proíbe ao jornalista publicar informações obtidas por meios considerados fraudulentos. Um deles é ter acesso a informações fazendo-se passar por outra pessoa. Ou negando ser jornalista. É prática corriqueira na imprensa brasileira. E em grande parte da imprensa mundial.

Com o pretexto de que o interesse do público está acima de tudo e de que a imprensa existe para informá-lo, jornalistas roubam documentos, se apresentam sob falsa identidade e gravam conversas às escondidas. Jornalistas que agem assim se consideram acima da lei.

Em agosto de 1998, a repórter de uma revista de circulação nacional testemunhou a confissão de vários crimes feita por um suspeito diante dos advogados dele. Confissão protegida, pois, pelo sigilo que resguarda as informações dadas por uma pessoa a seus advogados. O suspeito não sabia que entre os advogados havia uma jornalista. Enquanto não esteve ciente da presença dela ele negou à polícia a autoria dos crimes. Pressionado depois pelos policiais e informado de que a confissão ouvida pelos advogados se tornaria pública dentro de algumas horas, o suspeito finalmente confirmou os crimes.

Num caso como esse, justifica-se o procedimento usado pela jornalista? Foi legítimo? Foi ético? Valeu a pena o ardil? Qualquer ardil vale a pena?

A televisão costuma apelar para o uso de câmeras e gravadores escondidos para o registro de diálogos entre bandidos e jornalistas, esses quase sempre fingindo interesse em comprar alguma coisa daqueles. Se o telespectador não identificar o jornalista e sair da sala antes que fique claro quem é quem, poderá imaginar que assistiu a um diálogo entre bandidos.

Costumamos dizer que, enquanto médico pensa que é Deus, jornalista tem certeza. Jornalista não é Deus. Não está dispensado de respeitar a Constituição e as leis do país. Não tem mandato conferido por ninguém para atuar ao arrepio de códigos e normas socialmente aceitas. A denúncia de um ato criminoso não justifica a prática criminosa.

CASOS DA VIDA PRIVADA

Há mais dilemas no dia a dia de uma redação do que pode supor quem observa tudo à boa distância. Na segunda semana de novembro de 1997, uma agência de notícias transmitiu a informação de que Paulo Henrique, filho do presidente Fernando Henrique Cardoso, e Thereza Collor, ex-mulher do empresário Pedro Collor, tinham sido flagrados saindo juntos de um hotel em São Paulo. Havia fotos do casal.

A notícia foi publicada com destaque pelos jornais *O Globo* e *Folha de São Paulo*. Mereceu chamada de primeira página em ambos. No fim da semana, a revista *Veja* dedicou quatro páginas ao assunto. Havia na reportagem até mesmo o depoimento de uma mulher que certa vez vira Thereza nua. E que disse não ter apreciado o que viu.

Nada publiquei. Por quê? Creio que a vida particular de quem está fora de cargos públicos não deve ser objeto da curiosidade da imprensa. Qual a importância do namoro de Paulo Henrique e Thereza para a vida do país ou de qualquer um de nós? A notícia caberia em uma coluna de mexericos. Ou poderia interessar a publicações destinadas a bisbilhotar a vida de gente famosa.

Sei que faço incursão por terreno pantanoso. E não encontro consenso sobre isso nem mesmo entre meus colegas. Pelo contrário. A maioria dos que consultei achava que o episódio era notícia e que toda notícia devia ser publicada. Alguns alegaram que existe público interessado nesse tipo de assunto. De fato, de 176 assinantes do *Correio* consultados a respeito, metade achou que deveríamos ter publicado a notícia, sim. A outra metade achou que não.

Colegas argumentam que jornal é feito para vender e que tal tipo de notícia vende. Como ajudaram a vender mais exemplares notícias sobre os namoros da princesa Diana e o envolvimento com drogas da atriz Vera Fischer.

Distingo entre quem leva vida pública e se empenha com frequência em ser notícia e quem não leva. A princesa Diana levava. E enquanto viveu, foi uma pessoa importante na Inglaterra e fora dela. Vera Fischer leva. E nunca se preocupou em preservar a intimidade.

Admito que Thereza Collor, ex-cunhada de um ex-presidente da República, persegue a notoriedade e ama fazer caras e bocas para as lentes dos fotógrafos. Mas Paulo Henrique, não. Pagou o preço de ser filho de quem é e de namorar uma mulher bonita e conhecida. Ele não queria ter sua privacidade invadida. Chegou a pedir isso aos jornalistas. Em vão. Deveria ter sido atendido.

DE OLHO NA HISTÓRIA

Alguém já disse que ninguém comeria salsichas se soubesse como elas são feitas. Digo que os leigos na matéria jamais acreditariam que um jornal diário pudesse circular no dia seguinte se surpreendessem os jornalistas no ato de fazê-lo. De preferência, em determinados dias e a poucas horas de terem de mandar as últimas páginas para impressão. É uma confusão só. Mas uma confusão, digamos, organizada.

Jornalista gosta de trabalhar contra o relógio – e esta é uma de suas virtudes e um dos seus graves defeitos. É capaz de produzir uma ótima edição e de fechar sem atraso dezenas de páginas quando atropelado em hora imprópria por um fato importante. Mas, se o dia está pobre de notícias quentes, é capaz de atrasar o fechamento e de fazer uma edição medíocre.

Deveria ser o contrário. Porque notícia importante existe aos montes por aí. Você pode achá-las e ter tempo suficiente para oferecê-las ao leitor por meio de um texto bem escrito, rico de detalhes e de informações precisas. Notícia relevante não é somente a que reúne características excepcionais. E nem toda notícia com características excepcionais é de fato relevante.

Fossem os jornais e os jornalistas menos escravos das notícias da véspera, poderiam dedicar-se também a um tipo de jornalismo que só raras vezes é produzido – o jornalismo histórico. O que por meio de pesquisas, entrevistas e consultas a documentos revisita episódios importantes da vida de um povo que jazem esquecidos e incompletos. Pois, se for um profissional de bom nível, o jornalista poderá sair-se bem como historiador. Com algumas vantagens sobre o historiador acadêmico: um faro mais apurado para o que interessa à grande massa de leitores e uma facilidade maior de acesso às fontes de informação. Afinal, fomos treinados para saber lidar com pessoas e delas extrair boas histórias.

Nos últimos oito anos da vida do jornal *Correio Braziliense*, série alguma de matérias despertou mais atenção dos leitores do que a da repórter Ana Beatriz Magno sobre a descoberta do Brasil por Pedro Álvares Cabral. A série foi publicada entre os dias 4 de março e 22 de abril de 2000 a propósito dos 500 anos do Descobrimento.

Ana Beatriz narrou a viagem de Cabral em forma de diário de bordo, como se tivesse embarcado junto com o navegante português. E descreveu paralelamente diversos aspectos do mundo na época do Descobrimento. Escrita sob a supervisão de historiadores da Universidade de Brasília, a série ocupou uma página durante 50 dias seguidos, o tempo gasto por Cabral para sair de Lisboa e atracar em Porto Seguro.

Se o que é sólido se desmancha no ar, nada é menos sólido do que a maioria das notícias que os jornais publicam. O fato que provoca barulho não é necessariamente o fato importante. Importa o fato destinado a produzir mudanças na vida das pessoas.

Com irritante regularidade, os jornalistas não percebem tais fatos. Ou só com atraso se dão conta deles. E, quase sempre, os examinam por uma óptica diversa da óptica do leitor comum.

BOA NOTÍCIA VENDE

De forma simplificada, notícia é todo fato relevante que desperte interesse público, ensinam os manuais de jornalismo. Fora dos manuais, notícia na verdade é tudo o que os jornalistas escolhem para oferecer ao público. E, como nós valorizamos principalmente as notícias negativas, o mundo que os meios de comunicação retratam parece muitas vezes pior do que verdadeiramente é.

Seremos mais pessimistas e mal-humorados do que os demais profissionais? Estou convencido de que não. Pelo contrário. Brinca-se muito nas redações. E não conheço profissional que deboche mais de si mesmo do que jornalista.

É que aprendemos, com anos de ofício, que a notícia está no curioso, não no comum; no que estimula conflitos, não no que inspira normalidade; no que é capaz de abalar pessoas, estruturas, situações, não no que apascenta ou conforma; no drama e na tragédia e não na comédia ou no divertimento.

Aprendemos que é assim porque é com essa receita que os jornais vêm mantendo as vendas até hoje. E a televisão e o rádio, garantindo altos índices de audiência.

Desconheço se algum jornal tenha tido sucesso de vendas publicando apenas notícias positivas. Um jornal tentou isso no século passado, na França, e faliu rapidamente.

De resto, a realidade é feia e bonita ao mesmo tempo, e as pessoas se sentiriam logradas se pudessem ter acesso apenas ao lado bom da vida. O mundo é profundamente desigual e injusto com a maioria dos habitantes. E tudo indica que se tornará pior por meio de um acelerado processo de concentração de renda. É compreensível, pois, que as mazelas atraiam mais a atenção dos jornalistas.

Não nos custa nada, porém, abrir os olhos para a necessidade que as pessoas têm de receber boas notícias. Nada custa e, creio, até será capaz de ajudar nas vendas e na disputa pela audiência.

CAPÍTULO III

Sobre a arte de apurar

O QUE SE ESPERA DE VOCÊS

Quando entrei pela primeira vez em uma redação de jornal lá pelo fim dos anos 60, a maioria de vocês ainda não tinha nascido. Sei que pareço velho. Mas azar o de vocês se ainda são jovens. Porque o finalzinho da década de 1960 foi uma beleza. Foi um show, se preferirem.

Tínhamos no Brasil uma ditadura para combater – hoje vocês não têm nada para combater, nem mesmo a autoridade paterna, porque esta faliu e tudo concede. Tínhamos dentro das famílias preconceitos jurássicos quanto a sexo – hoje vocês podem tudo e desconhecem o potencial erótico do joelho nu de uma mulher.

Logo que inventaram a minissaia, nós nos arriscávamos a atravessar as ruas tirando fino nos automóveis só para flagrar algum par de coxas semidescobertas. E matávamos o tempo na ponta das calçadas à espera de que alguma mulher estacionasse o carro, abrisse a porta e entreabrisse as pernas para sair. Chamávamos a isso "ver um lance". Era um programa imperdível.

Nas redações de um país essencialmente agrícola, ameaçado pela saúva e que ainda mal conhecia a batida esquisita de violão de um tal de João Gilberto, conviviam, grosso modo, três tipos hoje inconcebíveis de jornalista: o que sabia apurar uma notícia mas não sabia escrever, o que escrevia mas não sabia apurar e a "grande figura humana".

É claro que havia, e em número maior do que há hoje nas redações, os que sabiam apurar bem e escrever bem. Raramente um desses era classificado como "grande figura humana". Eram mais competitivos do que os demais. E se impunham pelo talento.

O jornalista tratado por seus pares como grande figura humana era o que não sabia nem apurar nem escrever. Mas que, por estar sempre disposto a quebrar o galho dos colegas, ia ficando por ali. Gozava da simpatia coletiva. E ganhava estabilidade no emprego. A taxa de mortalidade funcional da espécie grande figura humana era irrisória.

Conheci muitos exemplares dessa espécie. Um deles, o capitão Eunício Campelo, era repórter do *Jornal do Commercio*, em Recife, quando aí aterrissei em 1968.

> *Não escrevam "aterrissar" em vez de "chegar". É pernóstico.*

Enquanto viveu, Eunício Campelo foi a mais notável grande figura humana daquele pedaço da rua do Imperador onde o jornal funciona até hoje. Como apurava mal e escrevia o mínimo, era repórter setorista do porto de Recife. Trazia para a redação informações básicas sobre o movimento das marés, chegada e saída de navios e o embarque e desembarque de cargas. Ninguém exigia dele mais do que isso.

Era um homem alto e simpático aos 60 e poucos anos. Vestia ternos baratos. Não sabia direito dar um nó de gravata. Caminhava sem pressa. E era gentil com amigos e desconhecidos.

Eis, porém, que certo dia um militar português de nome Galvão, inimigo de Salazar, o ditador de Portugal, reuniu um grupo de sujeitos temerários como ele e sequestrou o Santa Maria, o maior transatlântico do seu país. Estávamos nas primeiras semanas do governo do presidente Jânio Quadros, aquele que renunciaria ao mandato seis meses depois pensando em voltar ao poder nos braços do povo e sob a garantia das baionetas. Portanto, mais forte. Quase um ditador.

> *Se quiserem saber quem foi Salazar ou Jânio procurem livros a respeito. Não me venham com a desculpa de que nada sabem porque seus pais nem sequer haviam se conhecido. Vocês já ouviram falar de Napoleão e sabem que ele não foi apenas nome de conhaque.*

Depois de percorrer parte do oceano Atlântico sem atracar em lugar algum e sob perseguição da imprensa internacional, Galvão aprumou o Santa Maria na direção do Nordeste brasileiro e ancorou ao alcance da vista de quem passasse pelo cais do porto de Recife.

Um jornalista inglês com saudade da cobertura de uma boa guerra saltou de paraquedas perto do Santa Maria na tentativa desesperada de ser levado a bordo. Não foi levado. Galvão era um sábio. Não queria a imprensa por perto.

Bandos de jornalistas fretaram pequenos barcos e chegaram próximo ao transatlântico. Gritaram até perder a voz suplicando por uma entrevista com Galvão. Retornaram frustrados e com as roupas úmidas.

Movido mais pelo desejo de ajudar colegas ansiosos do que por interesse jornalístico, Eunício Campelo arranjou de graça um rebocador que o levou e a meia dúzia de repórteres até o lugar onde o Santa Maria fundeara. Ao chegar, para espanto geral Eunício gritou na direção de um militar português que os observava da proa do navio:

— Eu sou jornalista. Mas não estou aqui a serviço. Vim aderir à revolução para depor Salazar.

Depois de algum tempo de confabulações entre os militares sublevados, veio a ordem para que Eunício fosse admitido no Santa Maria. Mas somente ele.

Substituam "confabulações" por "conversas" ou "negociações". Só quem "confabula" é jornalista quando escreve. Quando fala, ele "conversa" ou "negocia".

O que os demais coleguinhas imaginavam ser um truque de Eunício para obter um furo mundial não era truque. Ele bateu continência quando foi apresentado a Galvão, repetiu que arriscaria a vida para ajudar a depor Salazar e não lhe fez uma única pergunta.

Meteram uma farda em Eunício. Deram-lhe um fuzil. E Galvão concedeu-lhe na hora o título de capitão. Ele só voltou a terra firme quando Galvão se entregou às autoridades brasileiras.

Jamais Eunício escreveu uma única linha sobre o que viu e ouviu durante seus poucos dias como capitão de curso estreito. Estreitíssimo.

Amigos e colegas passaram a chamá-lo pelo resto da vida de capitão. Não havia tom de deboche no tratamento concedido a Eunício. Havia respeito.

Ele nunca pôs os pés em Portugal. Quando a Revolução dos Cravos, de 1975, derrubou o governo de Marcelo Caetano, que sucedera o de Salazar, Eunício foi oficialmente convidado a visitar Lisboa. Recusou-se a ir. Dera sua contribuição à queda de uma ditadura do outro lado do Atlântico e isto lhe bastava.

Morreu discreta e pobremente como viveu. Nos últimos meses de vida, bebia nos bares do cais do porto de Recife na companhia de uma gaivota ferida em uma das asas e impossibilitada de voar. Fazia confidências para o pássaro em voz baixa.

Não há lugar hoje nas redações para a grande figura humana que foi Eunício Campelo. Para nenhuma grande figura humana que não saiba apurar bem e escrever bem. E acrescente-se: editar bem. Exige-se do candidato a uma vaga nas redações que seja profissional completo e polivalente. Ele tem de dominar todas as técnicas para o exercício da profissão, manejar os instrumentos capazes de ajudá-lo a fazer melhor o trabalho e ter a nítida compreensão do seu papel de jornalista multimídia.

A informação é sua matéria-prima. Caberá a ele divulgá-la por todos os meios desejados pelo público – jornal, internet, rádio e televisão. E por tantos outros meios que venham a ser inventados.

Ainda não temos no Brasil redações multimídias. Mas as teremos em breve.

O jornalista que gosta de escrever só sobre alguns assuntos terá menos chances do que outro capaz de escrever sobre qualquer assunto.

A especialização está em baixa e sem chance de recuperação. Ela esteve em alta quando havia muita gente nas redações. E às vezes gente de sobra.

A política das empresas de cortar gastos para sobreviver às periódicas crises econômicas que assolam o mundo de uma ponta a outra reduziu o tamanho das redações aqui e em toda parte.

Suprimam o trecho "de uma ponta a outra". Se digo que as crises assolam o mundo, subtende-se que me refiro ao mundo todo. A síntese é uma virtude a ser perseguida sem descanso. Escrever é cortar, cortar, cortar.

Há que dominar também os recursos visuais. Vocês não precisam saber necessariamente desenhar uma infografia ou formatar um gráfico. Se souberem, tanto melhor. Mas têm de conhecer o precioso acervo de recursos que a informática lhes oferece. E saber pô-lo a serviço da informação que queiram transmitir.

No princípio era o texto, somente o texto e nada mais do que o texto. Ele era o único meio disponível em um jornal para se informar qualquer coisa. Depois veio o desenho. Jornais de Nova York se valeram de toscos desenhos no início do século passado para dar vida e dramaticidade aos relatos sobre a tragédia do Titanic.

Só mais tarde a fotografia foi incorporada ao jornal – embora a primeira tenha aparecido em 1880 nas páginas do *Daily Graphic*, de Nova York. Na década de 1990, finalmente gráficos, infográficos, tabelas e toda sorte de novos dispositivos visuais de informação começaram a ser usados pelos jornais.

A missão de um jornalista é informar. Ou melhor: contar histórias. A maneira ideal de contar uma história pode ser por meio do texto. Outra história pode ser mais bem contada por meio da infografia ou da tabela. Uma fotografia pode bastar em diversos casos.

Na década de 1990, o jornal *Miami Herald* publicou vasto noticiário sobre um iminente eclipse total da lua. No dia em que ele se deu, os leitores sabiam tudo que precisavam saber. Na edição seguinte, o jornal publicou na primeira página uma sequência fotográfica do eclipse. Foi suficiente.

Experimentem substituir uma placa de trânsito com o desenho de uma seta indicando que se deve dobrar à direita por outra em que esteja escrito "Dobrar à direita". Qual das placas informará melhor?

É isso que quero dizer quando chamo a atenção para a necessidade de "pensar visualmente". E de saber usar os recursos visuais.

Vocês não são pagos nem serão pagos pelo número de linhas que escreverem. Serão pagos por boas histórias que descobrirem. E por contá-las bem, não importa como.

CONTRA A PRESSA

Cyprian Nordwid, poeta polonês do século XIX, escreveu certa vez: "Um homem nasce neste planeta para dar testemunho da verdade".

O poeta deve ter sido um cristão exemplar. O que disse cabe na boca do papa e de todos os homens de boa vontade.

Mas a verdade não é algo claramente identificável. A verdade é questão de julgamento relativo.

Os jornalistas aprendem desde cedo que devem perseguir a verdade a qualquer preço. Mas quando se deparam com uma notícia e são obrigados a servi-la à consideração do distinto público, só então descobrem que a essência de sua missão não é escrever a verdade.

Cabe aos jornalistas *escolher a verdade*! Querem responsabilidade maior do que essa? Deveríamos ser pessoas corcundas, vergadas pelo peso da tarefa de chegar a verdade. E deveríamos também ser mais velhos e experientes.

A palavra escrita "é mais do que nunca a nossa principal ferramenta para compreender o mundo", observa o ensaísta canadense Alberto Manguel, autor do livro *A História da Leitura*. E conclui: "A grandeza do texto consiste em nos dar a possibilidade de refletir e de interpretar".

Espanto-me com a pressa que move os jornalistas à caça de verdades; a pressa que empregam na apuração delas; e novamente a pressa com que as transmitem aos leitores.

A pressa é a culpada, nas redações, pelo aniquilamento de muitas verdades, pela quantidade vergonhosa de pequenos e grandes erros que borram as páginas dos jornais e pela superficialidade de textos que desestimulam a reflexão. Apurar bem exige tempo. Escrever bem exige tempo. E não existe mais razão de jornal ser feito às pressas.

Notícia em tempo real deve ficar para os veículos de informação instantânea – rádio, televisão e internet. Jornal deve ocupar-se com o desconhecido. E enxergar o amanhã.

DEEM GRAÇAS A DEUS

Seja por qualquer razão, leitor pode gostar de uma notícia e não gostar de outra. Trata-se de um irrecusável direito dele. Jornalista, não.

Notícia existe para ser reverenciada pelo jornalista. Diante de uma, ele deve ajoelhar-se em sinal de respeito e agradecer a Deus a graça de tê-la encontrado.

Parece uma lição muito simples de ser aprendida. Afinal, o ganha-pão do jornalista é a notícia. Mas não é raro que jornais e jornalistas briguem com ela. Quase sempre, porque a notícia contraria seus interesses, pontos de vista ou ideologia.

Esse é um comportamento desonesto. E burro. E está na raiz da desconfiança do público em relação aos meios de comunicação. O público os vê como parte do aparelho do Estado – e de certa forma eles o são de fato – e acha que eles prestam mais serviços a grupos políticos e econômicos do que à sociedade. Digamos que seja meio a meio.

Nunca vi ninguém brigar com notícia e dar-se bem a longo prazo. Nem jornais, nem pessoas, nem instituições. Se um jornal preferir não publicar certa notícia, outro a publicará. Ou dela o público tomará conhecimento por outros meios. Se, mesmo reconhecendo a importância da notícia, um jornal preferir escondê-la, outro lhe dará o destaque merecido.

Nas democracias, tudo que for de interesse público deve ser tornado público. Há que respeitar o fato consumado, aconselhou no final da década de 1970 o então ministro da Justiça Petrônio Portela. Fato consumado, segundo ele, só pode ser revogado por um fato novo. Portela desconsiderou o próprio conselho. Não acatou o fato de que seu coração estava prestes a pifar como alertaram os médicos. Não se tratou com medo de que a imprensa descobrisse sua doença e destruísse suas chances de suceder o presidente João Batista Figueiredo. E por isso morreu.

PERDÃO. ERRAMOS

Erro de informação também é matéria de interesse público.

Nada é mais difícil nos jornais do que preencher o espaço reservado à admissão de erros. Quero dizer: nada é mais difícil nos jornais que *reservam* espaço para a admissão de erros. Porque a maioria não reserva espaço algum.

Por orgulho, soberba, vaidade ou ignorância, jornais e jornalistas procuram fazer de conta que só acertam. E, quando são pilhados em erro, custa-lhes admitir que erraram. Os jornalistas temem ser punidos por seus chefes. Os jornais temem perder leitores.

Assim como não se deve brigar com a notícia, muito menos se deve brigar com o erro. Erro existe para ser confessado. Os leitores sabem que os jornais erram. E na maioria das vezes, estão dispostos a perdoar os erros – desde que admitidos. E desde que também não errem tanto quanto costumam errar.

Não estou dizendo que sinto prazer em reconhecer um erro e assinar embaixo do reconhecimento. Mas chego próximo a sentir prazer quando faço isso. Porque já assinei várias notas de redação confessando erros. E, em troca, só recebi elogios de leitores.

Em 3 de agosto de 2000, o *Correio Braziliense* cometeu um enorme erro em matéria que foi manchete de primeira página. A manchete dizia: "O grande negócio de Jorge". Dava conta do envolvimento do ex-secretário da presidência da República Eduardo Jorge Caldas Pereira em um negócio suspeito com o Banco do Brasil.

A matéria estava errada de uma ponta a outra. E na edição seguinte, o jornal assumiu o erro em manchete de primeira página. Foi a primeira vez que um jornal brasileiro procedeu assim.

A manchete "O *Correio* errou" de 4 de agosto de 2000 ganhou o Prêmio Esso de Melhor Contribuição à Imprensa. Ganhou também, na mesma categoria, o Prêmio Cláudio Abramo de Jornalismo.

Nunca vi um erro ser tão celebrado! Mas é assim que se constrói a credibilidade de um jornal: publicando tudo que possa interessar aos leitores. E admitindo erros. A receita é simples.

O QUE É JAZZ?

Como posso saber se estou ou não diante de uma notícia?

A dúvida só me ocorreu quando estava prestes a completar dois meses como repórter-assistente da sucursal do *Jornal do Brasil*, em

Recife, no final dos anos 60. Até então eu ia atrás das notícias que meu chefe e colegas mais experientes identificavam para mim.

Quando pensei que tinha sozinho descoberto a primeira, levei uma descompostura. Eu tinha ouvido no rádio que a ponte da Boa Vista, uma das mais antigas da cidade, finalmente seria tombada. Imaginei que ela daria lugar a uma ponte moderna e considerei tudo aquilo um absurdo:

— Vão derrubar a ponte da Boa Vista, informei a Nagib, meu primeiro chefe.

— Não seja idiota. É mentira – respondeu ele.

— Não é. Acabei de ouvir no rádio.

— Você sabe o que é tombar, imbecil?, perguntou Nagib.

Compreendi na hora a mancada que dera. Tentei consertar:

— Bem, mas mesmo assim é notícia. Até que enfim, o Patrimônio Histórico vai tombar a ponte da Boa Vista.

— Não é notícia porra nenhuma. Pode ser notícia para os jornais daqui, encerrou Nagib.

Ele estava certo. E o pior é que, na maioria das vezes, Nagib estava certo.

Li em um livro sobre jazz o diálogo entre um curioso e um músico. O curioso perguntou: "O que é jazz?" O músico respondeu: "Quando você ouvir, saberá".

Já respondi mais ou menos assim à pergunta de um jovem estagiário sobre o que é notícia: "Quando você estiver diante de uma, saberá".

É isso o que costuma acontecer. Se vocês levam jeito para o ofício, saberão distinguir entre o que é notícia e o que não é.

Poderão não acertar na primeira vez. Mas acertarão na segunda ou na terceira.

Só bem mais tarde descobrirão que ao fim e ao cabo, notícia acaba sendo tudo aquilo que os jornalistas decidem que é notícia.

Mas essa é uma definição cínica que não gostaria que vocês levassem a sério. Prefiro dizer que notícia é todo fato que possa despertar o interesse dos leitores ou de parte dos leitores de um jornal. Se vocês se interessarem por uma história, estejam certos de que pelo menos uma parte dos leitores também se interessará.

UM POR TODOS, TODOS POR UM

Notícia é como Deus para os que nele acreditam: está presente em toda parte e ao mesmo tempo. O problema é que os repórteres não saem mais da redação à procura de notícias. Eles saem atrás de notícias que nascem dentro da própria redação. Quase sempre as mesmas, em todas as redações. A maioria dos jornais e dos jornalistas sucumbiu há muito tempo ao mecanismo perverso da pauta comum de assuntos. Parece haver entre eles um entendimento tácito: se fizerem jornais iguais ou pelo menos parecidos, irão juntos para o céu. Ou descerão juntos para o inferno na pior das hipóteses. Vigora o lema dos três mosqueteiros: um por todos, todos por um.

E por que é assim? Porque é mais fácil e mais cômodo. Porque se correm menos riscos. Porque sai mais barato para as empresas.

É mais fácil porque dá trabalho descobrir notícias. Registrar notícias não dá trabalho. É menos arriscado porque assim ninguém dá "furo" em ninguém. É mais barato porque a maioria das notícias que se publica tem sempre por trás alguém interessado em vê-las publicadas. E o interessado entrega quase tudo pronto aos repórteres.

Os que mais ganham com isso são todos os que dispõem de bem montadas assessorias de imprensa – governos, partidos, associações de classe, sindicatos, bancos, empresas de médio e de grande porte.

Os que mais perdem são os leitores.

No fim, perdem os jornais. Porque acabam perdendo leitores.

QUANTO VALE UM DETALHE

Pequem pelo exagero. Apurem mais informações do que irão precisar para escrever alguma notícia ou reportagem. É melhor mandar informação para o lixo do que descobrir, na hora de escrever, que está faltando alguma.

À medida que apurarem, comecem a esboçar mentalmente o texto que escreverão depois. Assim descobrirão mais facilmente que informações faltam ou sobram. Não deixem para pensar no texto diante do terminal de computador.

É mais fácil acreditar em uma história se ela for contada em detalhes. Se conto que cinco jovens jogaram álcool sobre um índio que dormia em um ponto de ônibus e depois atearam fogo nele, a história se tornará mais crível se eu responder as seguintes perguntas:
– Qual a idade de cada um dos cinco jovens?
– Eles sabiam que aquele homem era um índio?
– De onde tiraram o álcool jogado sobre o homem?
– Quantos litros de álcool despejaram?
– Foi com fósforo ou isqueiro que atearam fogo?
– Se foi com fósforo, quantos palitos usaram?
– O que cada um dos cinco jovens fez em seguida?
– Eles, ou alguns deles tinham cometido algum crime antes? Que crimes?
– Por que o índio dormia em um ponto de ônibus?
– Quem era ele?
– Alguém o socorreu? E como o socorreu?
– Durante quantas horas o índio agonizou?
– Quantas horas se passaram desde a entrada no hospital até o momento da morte?
– Ele sentiu dores enquanto agonizava?
– Foi atendido de imediato pelos médicos quando chegou ao hospital ou ainda teve de esperar? Quanto tempo esperou?
– Ele falou alguma coisa antes de morrer? Falou o quê? Com quem?

A importância de um fato é que determina a extensão de uma notícia. Mas mesmo uma notícia de umas 30 linhas, digamos, ganhará mais credibilidade se o repórter contá-la em detalhes.

A notícia pode estar no detalhe de uma história. No caso do índio Galdino, que morreu queimado em Brasília, o detalhe sobre a quantidade de álcool despejada sobre seu corpo foi vital para condenar os assassinos a uma pena maior. Se eles tivessem usado pouco álcool, poderia ter prevalecido a tese dos seus advogados segundo a qual tudo não passara de uma brincadeira de péssimo gosto para assustar o índio. Mas eles molharam o corpo do índio com um litro de álcool. E nem sequer o socorreram quando o fogo se alastrou.

SÓ PARA QUEM TEM FARO

A notícia pode estar no ambiente onde se passou determinada história. A notícia pode estar no silêncio de uma pessoa entrevistada. A notícia pode estar no nervosismo de alguém. Há, portanto, que estar atento a tudo. E há que ter faro para identificar a notícia onde quer que ela esteja.

Faro. É o faro que faz a diferença entre um bom repórter e um repórter medíocre. Bob Fernandes, atual redator-chefe da revista *Carta Capital*, é um dos melhores repórteres que já conheci. É capaz de farejar notícia onde aparentemente ela não existe.

Em outubro de 1986, logo depois das eleições gerais vencidas com folga pelo PMDB, houve uma revolta popular no centro de Brasília, que culminou com queima de ônibus e saque de vários pontos comerciais. A população estava inconformada com o plano econômico adotado pelo governo do presidente José Sarney e batizado com o nome de Cruzado 2. O Cruzado 1 trocou a moeda do país, congelou preços e salários e pôs nas alturas a popularidade do presidente. O Cruzado 2 acabou com o congelamento dos preços.

O Serviço Nacional de Informações (SNI), órgão de espionagem do governo, entregou aos jornais no dia seguinte à revolta fotografias que mostravam a "ação de baderneiros" ou de "perigosos subversivos". O ministro do Exército Leônidas Pires Gonçalves chegou a falar de "guerrilheiros urbanos". Uma das fotos mostrava um rapaz sem camisa com o rosto semicoberto por um pano e segurando em uma das mãos um objeto cilíndrico que mais parecia uma lata. O rapaz participara do saque a um supermercado. Um oficial do SNI insinuou aos jornalistas que o objeto poderia ser uma bomba.

Na época, Bob era repórter da sucursal do *Jornal do Brasil* em Brasília. Ele decidiu tentar identificar o rapaz portador do objeto misterioso. Foi o único repórter a interessar-se pelo assunto. Localizou-o depois de uma semana de investigação. Era um lavador de carros. E o tal objeto era uma lata de Nescau que ele roubara.

"O guerrilheiro Nescau" foi o título dado pelo jornal à entrevista de uma página feita por Bob com o rapaz. Ela desmoralizou o discurso alarmista dos porta-vozes do governo.

ELEMENTAR, MEUS CAROS

Já li que os americanos inventaram o jornalismo de investigação na década de 1970. E que depois ele se espalhou pelo mundo. Bobagem! Salvo o jornalismo que se limita a alinhavar declarações, todo jornalismo que se preze é de investigação.

Investigar é apurar.

Vocês não podem contar nem mesmo como foi um acidente de trânsito se não o investigarem. A investigação pode exigir maior ou menor esforço, durar muitos ou poucos dias, custar caro ou barato ao jornal, mas é impossível prescindir dela. Sem investigação não se faz jornalismo de boa qualidade.

NA MIRA DA POLÍCIA

O repórter Luiz Alberto Weber revelou-se um investigador de primeira linha quando soube, em junho de 1995, que a mulher do piloto de Paulo César Farias se preparava para viajar ao encontro dele.

Eu quase escrevi que Weber se revelou um investigador de mão cheia. "Mão cheia" é chavão.

Paulo César, vulgo PC Farias, havia sido o tesoureiro da campanha de Fernando Collor de Mello. Ilegalmente, arrecadou uma fortuna de empresários para pagar despesas da campanha. Guardou parte do dinheiro em contas no exterior para onde fugiu depois que seu crime foi descoberto. Acompanhou-o na fuga o piloto Jorge Bandeira de Mello.

A Polícia Federal estava à caça de PC e de Jorge. Weber e os agentes federais ficaram sabendo quase ao mesmo tempo que a mulher de Jorge iria encontrá-lo em algum país da América do Sul. A Argentina, possivelmente. Ou o Uruguai.

A polícia soube do encontro porque grampeara o telefone da mulher. Weber, porque recebeu de um funcionário de uma agência de turismo, em Brasília, a informação de que um agente da Polícia

Federal ali estivera para conferir se a mulher de Jorge tinha voo marcado para fora do país.

A mulher de Jorge deixara Maceió, onde morava, e estava hospedada na casa de um amigo em Curitiba, de onde embarcaria depois para Porto Alegre em um voo da Transbrasil. Isso foi tudo o que Weber conseguiu saber antes de voar para Curitiba. Ele não conhecia a mulher.

Ele apostou que, de alguma forma, conseguiria identificá-la quando ela entrasse no avião que a levaria a Porto Alegre. Weber estava dentro do avião, em Curitiba, quando um grupo de passageiros embarcou no mesmo avião. Havia mais de uma mulher entre eles. E uma delas estava acompanhada de uma jovem aparentando 15 anos de idade.

Aquela poderia ser a mulher. Mas a jovem não estava no script de Weber. Ele pensava que a mulher viajaria sozinha. Foi somente em Porto Alegre que Weber, de fato, teve a certeza de que seguia a mulher certa. Ela desembarcou junto com a jovem – Weber as seguiu a curta distância. Depois, ambas passearam pelo aeroporto como se aguardassem a chamada para um novo voo – mas que voo? O próximo, para Buenos Aires, era da companhia uruguaia Pluna. De Buenos Aires, o voo seguiria para Montevidéu. A mulher iria nesse voo ou não? Se embarcasse, desceria em Buenos Aires ou em Montevidéu?

Weber comprou uma passagem para o voo da Pluna depois de checar se o nome da mulher estava na lista de passageiros. Estava. Ele foi um dos primeiros a atender a chamada do voo. Passou pelo controle de passaporte e permaneceu em uma sala do outro lado à espera da mulher e da jovem.

Os demais passageiros passaram pelo controle de passaporte, fizeram uma escala técnica na sala onde estava Weber e embarcaram tão logo ouviram a chamada.

Quanto à mulher e à jovem, elas desapareceram. O que lhes teria acontecido? Haviam desistido de viajar? Desconfiaram que alguém as seguia?

O fato de o nome da mulher constar da lista de passageiros daquele voo teria sido apenas um despiste? Ela poderia ter comprado a passagem para aquele voo e, no entanto, só embarcar no dia seguinte. Ou em qualquer outro dia. Ou poderia então viajar por terra até Buenos

Aires, ficar aí ou seguir até Montevidéu. Weber estava prestes a desistir de embarcar quando a mulher e a jovem finalmente apareceram escoltadas por agentes da Polícia Federal. Presas? Não, não se apressem em concluir nada. Como era menor de idade e viajava sem autorização assinada pelo pai, a jovem só pôde embarcar depois de passar pela seção do Juizado de Menores no aeroporto, onde a mãe preenchera papéis responsabilizando-se pela filha. Ao fazê-lo, teve de informar o nome do pai. Era o que precisava a Polícia Federal para "legalizar" a operação que montara para a captura de Jorge. Os agentes federais poderiam informar depois à Justiça que só tomara conhecimento da viagem da mulher do piloto depois do incidente no aeroporto de Porto Alegre.

Na verdade, a polícia estava na cola da mulher desde que ela saíra de Maceió, descera em Salvador para trocar de voo e seguira para Curitiba. Weber não sabia disso, embora desconfiasse. Como desconfiou que ela desembarcaria em Buenos Aires, embora seu destino fosse Montevidéu.

A mulher não suspeitou do incidente no aeroporto de Porto Alegre. Nem de que estava sendo seguida por um grupo de agentes federais e um repórter.

O avião pousou em Buenos Aires, mas a mulher e a jovem não saíram dos seus lugares. Quando o fizeram já tarde da noite em Montevidéu, passaram pela alfândega e tomaram um táxi, Weber as perdeu de vista.

O carro que as levou era um Mercedes. O carro que Weber tomou para segui-las era um Fiat Uno. Antes de perder o Mercedes de vista, Weber anotou sua placa. E, mais tarde, do centro de Montevidéu, telefonou para a companhia de táxi do aeroporto na tentativa de falar com o motorista do Mercedes. Em vão. Ele já abandonara o serviço e fora para casa dormir. Weber chamou outro táxi da mesma companhia. E aí teve sorte.

O bom repórter tem sorte.

O motorista que o atendeu era um uruguaio simpático e falastrão. Quando soube que Weber era jornalista e que estava ocupado em seguir a mulher de um brasileiro graúdo envolvido em corrupção, dispôs-se logo a ajudá-lo.

— *Me gusta hacer el investigador*, comentou.

— *Gracias*, respondeu Weber.

De imediato, o motorista pediu à companhia de táxi o telefone da casa do colega que dirigia o Mercedes, acordou-o e arrancou dele o endereço do hotel onde deixara a mulher e a jovem.

Aquela foi uma longa madrugada para Weber. Ele ficou de plantão na rua a pouca distância do hotel. A mulher e a jovem poderiam ficar ali hospedadas durante dias. Ou sair a qualquer momento.

Perdi contato com Weber depois que ele deixou Porto Alegre. Só voltei a ter notícias dele quando já estava na cama pronto para dormir. Tocou o telefone, atendi e a voz do outro lado da linha não era de Weber. Era do ministro interino da Justiça Milton Selligman.

— Noblat, desculpe incomodá-lo tão tarde, mas tenho um assunto importante para tratar com você.

Desconfiei na hora o que era.

— A Polícia Federal está empenhada em uma operação muito delicada, prosseguiu o ministro.

— É, imagino qual seja, respondi.

— Pois bem... Parece que há um jornalista do *Correio* que está a par dessa operação.

— É verdade, ministro. Ele está por lá.

O ministro ficou em silêncio por alguns segundos. Parecia pensar no que dizer. Depois, disse:

— Você sabe que não posso e não devo interferir no trabalho da polícia em meio a uma operação tão delicada quanto essa. E os agentes que estão por lá não querem pôr a operação em risco por causa de um repórter.

— O senhor está insinuando o quê, ministro?, perguntei.

— Eu acho que eles estão dispostos a afastar o repórter da operação. Talvez o detenham durante o tempo necessário para que a operação termine bem.

Aí foi a hora de eu ficar em silêncio para pensar no que dizer. Então disse:

— Ah, não, ministro. O repórter que está por lá é o mais experiente que tenho. Eu lhe garanto que ele não atrapalhará nada.

— Veja, não posso garantir que os agentes não agirão contra ele, esquivou-se o ministro.

— Ministro, não me leve a mal. Compreenda também minha posição. Mas, se o repórter for detido, eu farei o maior escândalo no jornal.

O ministro se despediu sem me prometer nada. Eu perdi o sono de vez.

Em Montevidéu, insone, Weber viu quando a mulher e a jovem deixaram o hotel por volta de sete horas da manhã e tomaram um táxi. Ele tomou outro e as seguiu. Elas foram diretamente para o porto da cidade, onde tomaram um pequeno navio que fazia a rota Montevidéu – Buenos Aires. Weber embarcou com elas.

A viagem durou quase quatro horas. Weber me contou depois que, por mais que tentasse, não conseguira identificar alguém no navio com cara ou pinta de agente da Polícia Federal.

Um casal recepcionou a mulher de Jorge e sua filha no porto de Buenos Aires. Os quatro entraram em um carro e foram ao centro da cidade. Weber os acompanhou em um táxi.

O carro com as quatro pessoas estacionou em uma rua estreita. Elas deixaram o carro e entraram num pequeno restaurante.

Weber dispensou o táxi e ficou durante algum tempo na calçada oposta ao do restaurante pensando se deveria entrar também ali ou não. Será que Jorge Bandeira estaria no restaurante à espera da mulher e da filha? Ou será que algum emissário de Jorge as esperava com algum recado dele? Dali a instantes, um grupo de homens saiu do restaurante levando um preso. Era o piloto Jorge Bandeira de Mello. Os homens eram agentes da Polícia Federal brasileira.

Maria de Fátima Alves Pinto Bandeira de Mello, mulher de Jorge, e Mariana, sua filha, ficaram detidas só por algumas horas.

A reportagem de Weber ocupou duas páginas. Não foi um furo porque algumas horas depois da prisão do piloto o ministro interino da Justiça fez questão de divulgar a notícia. Mas só Weber contou a história completa da prisão.

O bom repórter não desiste da notícia. Nunca. Quando fareja a presa, persegue-a até acuá-la. Uma vez que a deixa sem saída, cai sobre ela matando-a. Talento, só, não basta. Um jornalista pode ser menos talentoso do que outro, porém mais determinado, persistente e teimoso. O determinado vence o talentoso. O talentoso corre mais risco de acomodar-se do que o determinado. É assim em todas as profissões.

QUANDO O MELHOR É PARAR

É melhor sobrar informação do que faltar, já disse. Digo agora que vocês não devem seguir apurando indefinidamente uma notícia. Há um momento de dar a apuração por finda e de escrever. Excesso de informações torna confusa uma matéria. Matéria não é árvore de natal onde se penduram bolas. Se vocês têm na mão uma história com começo, meio e fim, e têm detalhes que a tornam verossímil, vocês têm uma matéria. Sentem e escrevam.

GENTE É GENTE

Personagem de matéria não deve limitar-se a um nome. Como no exemplo abaixo:
[Maria José da Conceição estava particularmente irritada quando foi barrada ontem à noite na entrada do Canecão, no Rio de Janeiro, onde queria assistir ao show de Gilberto Gil. "O show já começou e a senhora não pode entrar mais", explicou um agente de segurança que não quis revelar a identidade. "Mas eu comprei o ingresso. E me atrasei porque o trânsito estava um inferno", argumentou a mulher. "Mas não vai entrar. Tenho ordens", replicou o agente].
Quantos anos tem Maria José? O que ela faz na vida? É casada ou solteira? Tem filhos? É gorda e baixinha ou alta e magrinha? Onde mora? Como estava vestida? Falava em voz alta ou em voz baixa?
Respostas a perguntas como essas dão vida a um personagem. E permitem que os leitores se identifiquem com ele.

O escritor Graciliano Ramos conhecia a fórmula de tornar verossímeis os personagens que inventava. Como o vaqueiro descrito por ele assim em *Vidas Secas*:

> Vivia longe dos homens, só se dava bem com animais. Os seus pés duros quebravam espinhos e não sentiam a quentura da terra. Montado, confundia-se com o cavalo, grudava-se a ele. E falava uma linguagem cantada, monossilábica e gutural, que o companheiro entendia. A pé, não se aguentava bem. Pendia para um lado, para outro lado, cambaio, torto e feio. Às vezes utilizava nas relações com as pessoas a mesma língua com que se dirigia aos brutos – exclamações, onomatopeias. Na verdade falava pouco. Admirava as palavras compridas e difíceis da gente da cidade, tentava reproduzir algumas, em vão, mas sabia que elas eram inúteis e talvez perigosas.

UMA VERSÃO, NADA MAIS

Repórter é pago para investigar e obter respostas. Não é pago para transferir dúvidas aos leitores. É cômodo escrever que fulano disse que tal fato se passou assim, mas que beltrano disse que se passou de outra forma. E o leitor, como fica? No que ele deve acreditar?

Conheço a regrinha de ouro que todo aspirante a jornalista aprende nos bancos escolares e depois esquece. Ela manda que se ouçam as partes envolvidas em um episódio. E que se dê espaço nas matérias às suas opiniões. Só que isso nada tem a ver com a simples publicação de versões contraditórias.

Cabe ao repórter perseguir a verdade. Não existe verdade absoluta. Nem uma única verdade. Dois repórteres que testemunhem um mesmo fato poderão narrá-lo de forma diferente. Mas se forem bons repórteres e honestos, não divergirão no essencial.

Na maioria das vezes, não testemunhamos os fatos sobre os quais escrevemos. Publicamos o que nos contam a respeito deles. Podemos publicar *opiniões* divergentes sobre um mesmo fato. Versões divergentes, não. É pecado mortal.

O que fazer diante de contradições? Apurar, apurar, apurar. Até que todas ou quase todas tenham sido eliminadas. Até que nos reste apenas uma história na qual possamos acreditar.

> Ben Bradlee, ex-editor do jornal Washington Post: "O melhor repórter é aquele que chega à redação antes dos outros, sai depois dos outros e vai dormir convencido de que poderia ter feito muito melhor sua matéria".
>
> Carl Bernstein, um dos dois repórteres que apuraram o caso Watergate: "Reportagem é a melhor versão possível de obter de um fato".

DANEM-SE OS LEITORES!

Querem um exemplo de notícia cujas dúvidas o repórter preferiu transferir para os leitores em vez de investigá-las?

No início de junho de 2002, alguns jornais publicaram que o deputado federal Sérgio Miranda, do PCdoB de Minas Gerais, anunciou que entraria com ação na Justiça contra o candidato do PSDB à Presidência da República José Serra e o ministro da Saúde Barjas Negri. Os dois, segundo o deputado, desviaram recursos do Piso de Atenção Básica (PAB) para gastos com publicidade.

Serra, quando era ministro da Saúde, desviou 43, 5 milhões de reais. E Negri, entre janeiro e maio de 2002, mais 11 milhões de reais. O PAB foi criado pelo ministério para descentralizar o repasse de recursos destinados aos municípios. Dinheiro do PAB, informou o deputado, não pode pagar despesas com publicidade. Caso a Justiça desse razão a Miranda, Serra e Negri poderiam até perder seus direitos políticos.

A assessoria de imprensa de Negri alegou que o Ministério da Saúde pode, sim, usar parte dos recursos do PAB para fazer campanhas educativas nos municípios. "Como a população vai conhecer os métodos de combate à dengue sem campanhas? E como realizá-las sem gastar com comunicação?", perguntou um assessor do ministro. O deputado autor da denúncia replicou que o orçamento prevê verbas específicas para tais campanhas.

Muito bem: e daí? Quem está com a razão – o deputado ou a assessoria do ministro? Quem fala a verdade? Ou os dois lados falam a verdade e ainda assim só um deles tem razão? Os leitores ficaram sem saber. Que se danem!

Ora, mas então os jornais deveriam ter omitido a denúncia do deputado? Deveriam, sim, até que tivessem certeza de que tinha fundamento.

E como poderiam certificar-se disso? Apurando mais antes de publicar o que disse o deputado. Duas perguntas deveriam ter sido respondidas pelos autores da notícia antes de publicá-la. Primeira: o ministério usou verbas do PAB em propaganda? Segunda: se usou, estava proibido de fazê-lo?

DANE-SE TODO MUNDO!

Denúncia não é notícia. Notícia é a denúncia com fundamento.

Só porque um procurador da República investiga um suposto caso de corrupção no governo do Espírito Santo devo publicar notícia a respeito? Só publicarei se a investigação estiver bastante adiantada. E tiver apurado fatos robustos capazes de sustentar amanhã uma possível denúncia do Ministério Público. E mais: só publicarei a notícia depois de examinar as provas ou indícios coletados pelo procurador. E de ouvir todas as partes envolvidas no caso.

Não lhes parece razoável? Pode ser. Mas não é assim que procedemos desde que se vulgarizou o jornalismo de denúncia.

O ex-secretário-geral da Presidência da República Eduardo Jorge foi alvo de um procurador da República que tentou incriminá-lo de todas as formas. Por causa disso, ele perdeu o cargo no governo. E ficou na vitrine da mídia durante mais de um ano. Nada se provou contra ele. Ele provou ter sido vítima da perseguição incansável de um procurador.

Como ficou a mídia depois de ter aberto todo o espaço possível para abrigar as suspeitas destiladas pelo procurador contra Eduardo Jorge? Publicou que nada ficou provado contra Eduardo Jorge. E mudou de assunto.

É, fazer jornalismo assim é muito fácil. Mas um jornalismo assim não é responsável. Nem justo.

DUVIDEM ANTES DE TUDO

Não acreditem na primeira versão sobre o que quer que seja. Nem na segunda, mesmo que ela coincida ou se pareça com a primeira. Sejam céticos. Extremamente céticos. Duvidem de tudo e de todo mundo. Duvidem de vocês mesmos, da própria capacidade de apurar bem. Duvidem até do que imaginam ter visto. Duvidem da memória. Por isso, apurem mais. Anotem tudo que puderem anotar – desde que a tarefa não desvie sua atenção da notícia.

Mas evitem usar gravador. Ele inibe quem fala. E deixa vocês mais preocupados com ele do que com o entrevistado.

Em 1978, quando chefiava a sucursal da *Veja* na Bahia, tracei o perfil do empresário Norberto Odebrecht, dono da construtora que tem o seu nome. E, ao fazê-lo, disse que ele usava um anel com uma pedra preciosa na mão direita. Ele jamais usou um anel! Não sei de onde o tirei.

O RISCO DE ACREDITAR

No final de junho de 1999, a mídia americana foi vítima da fé cega dos jornalistas numa história na qual queriam acreditar. Porque era uma história muito boa, capaz de vender jornais por semanas a fio e de catapultar a audiência de programas de televisão.

> *Dúvidas a respeito do que quer dizer* catapultar? *Consultem o dicionário. Não façam como fez meu filho mais velho, André, quando tinha 12 anos. Ele teve de escrever uma história em que aparecessem as palavras "excesso", "obséquio" e "equívoco". É claro que estas deveriam ser empregadas de maneira adequada. A professora queria criar em André e nos colegas dele o hábito de consultar o dicionário. Para livrar-se rapidamente do dever, André escreveu uma história que começava*

assim: "Era meia-noite na rua Cingapura. Um corpo de mulher está estendido no chão. As pessoas chegam perto e perguntam: O que é isso? Um excesso, um obséquio ou um equívoco?". A professora elogiou o trabalho como rara prova de criatividade. Eu teria dado zero.

Volto ao que dizia sobre a mancada da mídia americana.

Enquanto não se descobriu que era mentirosa, notícia alguma conseguiu despertar mais interesse do que a do garoto de 13 anos que viajou 4.800 quilômetros entre uma cidade de Honduras e Nova York para tentar encontrar o pai.

O menino tinha apenas 200 dólares no bolso. Segundo ele, a mãe e um irmão foram vítimas do furacão Mitch, que varrera boa parte do Caribe no ano anterior. Ao receber uma carta do pai, que morava em Nova York, o garoto marcou um encontro com ele no aeroporto de La Guardia e, em seguida, deu início à longa viagem.

A pé, em trens de carga, de ônibus e pegando carona, atravessou a Guatemala, o México, o sul dos Estados Unidos e chegou a Miami, de onde embarcou num ônibus com destino a Nova York.

Quando chegou à cidade, contou sua história ao taxista José Basora, que o levou de graça até o aeroporto. E depois de esperar pelo pai, que não apareceu, o taxista o entregou aos cuidados da polícia. Foi aí que os jornalistas descobriram a comovente e original história de Edwin Daniel Sabillón, o hondurenho órfão de mãe à procura do pai. A polícia informou os jornalistas da existência de Edwin depois de confirmar que um garoto, de fato, havia saído do interior de Honduras com destino a Nova York.

Um detalhe da saga do pequeno hondurenho foi aparentemente confirmado pelos repórteres. Frequentadores de um restaurante cubano em Miami se lembraram de haver pagado uma passagem de ônibus a um garoto à caça do pai.

Divulgada com estardalhaço, a notícia tocou fundo na alma dos americanos. Até o prefeito de Nova York prometeu ajudá-lo em sua busca.

A história revelou-se falsa quando a avó de Edwin garantiu a uma agência de notícias que ele estava mentindo. O pai dele morrera de

Aids. E ele morava com uma tia na Flórida. Foi um vexame para a imprensa. Ela tinha acreditado na história com base, apenas, no relato do menino, no do motorista que levara ao aeroporto um rapazinho que dizia ter marcado um encontro com o pai, e no testemunho de fregueses de um restaurante de Miami que diziam haver pagado uma passagem de ônibus a um garoto com destino a Nova York.

Acreditamos no que queremos acreditar, essa é que é a verdade! E, diante de uma história que nos pareça tão boa, tudo fazemos para acreditar nela. Queremos que seja verdadeira – e por isso saímos atrás de indícios que a confirmem. Não saímos atrás de indícios que provem sua veracidade ou que simplesmente a neguem. Cegamos com muita frequência diante de indícios que põem a história em dúvida.

Não há gente que acredita em disco voador? Ou que, no interior remoto do Brasil, ainda duvida da história da conquista da Lua pelo homem?

Antes de acreditar em algo o jornalista deve duvidar. E só crer quando esgotar todas as dúvidas e não lhe restar alternativa senão crer.

NADA É COMO PARECE

— Aqui é o major Filgueiras, ajudante de ordens do governador Orestes Quércia. Quero falar com a tesouraria.

— Pois não, major, vou passar, garantiu a voz infantil de mulher do outro lado da linha.

O truque, às vezes, dava certo. Você se passava por outra pessoa ao telefone e conseguia as informações desejadas. Nenhum código de ética me impedia de agir assim. E eu não achava nada de mais agir assim. Hoje, acho.

Eu queria checar a informação que acabara de receber de um repórter que cobria as atividades da Câmara dos Deputados. Um grupo de parlamentares viajara a São Paulo a convite do governador Orestes Quércia para a inauguração do Memorial da América Latina, obra do arquiteto Oscar Niemeyer.

Era março de 1989. Durante um fim de semana, os parlamentares ficaram hospedados no Hotel Caesar Park, com tudo pago. Até aí, nada de mais. Mas um deles, Ibsen Pinheiro, justamente o líder do PMDB na Câmara, estendera sua permanência no hotel por mais quatro dias.

O governo paulista pagara para que Ibsen e sua mulher fossem às compras e se divertissem um pouco na cidade. O governo paulista, não. Os contribuintes paulistas!

Deslizes éticos dessa natureza rendiam boas reportagens nessa época. Hoje, não passariam de miudezas se comparados a escândalos como o do Fórum Trabalhista de São Paulo, por exemplo. Foram desviados 200 milhões de reais na construção do prédio do fórum. Tal fortuna, a preços de junho de 2002, daria para pagar a hospedagem de um casal em apartamento de luxo no Caesar Park durante pouco mais de 1.280 anos.

— Pois não, major. O que o senhor deseja?, perguntou um moço da tesouraria do hotel, de nome Geraldo.

— Tenho que fazer o empenho para pagar as despesas da comitiva de deputados que se hospedou aí. Eles chegaram na sexta-feira e foram embora na segunda-feira, não foi isso?

— Um momento, major... Sim, foi isso mesmo.

— Quer dizer que todos foram embora? Não ficou nenhum?

— Deixe-me ver, major... O senhor tem razão. Um deles ficou mais quatro dias. Foi o deputado Ibsen Pinheiro.

— Positivo. Mande a fatura diretamente para a Secretaria do Governo aos cuidados do Major Antônio Filgueiras, está bem?

— O.K., major.

Desliguei o telefone. Feliz, gritei bem alto um palavrão diante de um grupo de colegas da sucursal de Brasília do *Jornal do Brasil*. Eles não entenderam nada. E de imediato comecei a redigir a notícia. Ao concluí-la, lembrei-me que poderia ter perguntado ao moço da tesouraria do hotel quanto custara a hospedagem do casal Pinheiro. Assim, a informação ficaria mais completa.

— Boa tarde. Aqui é o major Filgueira, ajudante de ordens do governador. Quero falar novamente com Geraldo, na tesouraria.

A telefonista transferiu a ligação para Geraldo. Que reconheceu minha voz antes mesmo que eu me identificasse.

— Pois não, major. O que o senhor manda?

— Preciso saber quanto custou a hospedagem do deputado Ibsen Pinheiro, já que ele ficou aí mais dias do que os outros.

— Um momento, major...

Menos de dois minutos depois, Geraldo me deu o total de gastos do casal Pinheiro, incluindo os extras. Não me lembro mais quanto foi. O valor não tinha lá tanta importância. Importava o fato de o líder do maior partido do país, um político gaúcho com fama de austero e honestíssimo, ter sido capaz de aproveitar uma boca-livre para onerar ainda mais os cofres do governo de São Paulo.

Quando me despedi de Geraldo e estava quase desligando o telefone, ouvi-o dizer sem sequer elevar o tom da voz:

— Estou vendo aqui, major, que o deputado Ibsen Pinheiro pagou do próprio bolso os quatro dias a mais que ficou hospedado. Neste caso, a conta dele não é aquela que lhe dei há pouco. Vou ter que abater as despesas dos quatro dias.

— Positivo, respondi desanimado.

A notícia que eu pensava ter em mãos desmoronou. E não desmoronou porque eu me revelara um repórter cuidadoso. Não.

Em momento algum eu admiti a hipótese de que o deputado pudesse ter pagado com o próprio dinheiro os dias que passou a mais no Caesar Park. Eu só queria melhorar a história que pensava ter para contar. Cuidadoso foi Geraldo.

É por isso que desconfio sempre de qualquer história que me contam, por melhor que seja. E por mais crível que pareça seu autor. Nada é exatamente como lhe contam. Nada.

Como veremos adiante, não existe receita para quem queira escrever bem. Mas existe uma capaz de evitar o desastre da publicação de uma falsa notícia:

- Na dúvida, não escreva. Nunca.
- Se cair na tentação de escrever, advirta seu chefe para a natureza duvidosa das informações.
- Se publicar, não se surpreenda...

O leitor não quer ler boas histórias. Quer confiar nas histórias que lê.

SE PARECE, CORRAM ATRÁS

Boato não é notícia. No máximo, pode ser um indício de notícia. Todo boato com aparência de verdade deve ser investigado.

Garimpei boas notícias correndo atrás de boatos. Um deles, nos idos de 1980, dava conta de uma crise cardíaca que acometera o então presidente João Batista Figueiredo. Era um domingo e eu estava de plantão na sucursal de Brasília do *Jornal do Brasil*.

O porta-voz do governo disse que tudo não passava de boato. Meia dúzia de boas fontes com acesso direto ao presidente garantiram que ele passava muito bem.

Mas outra fonte, na qual sempre confiei e que nunca me dera uma informação errada, confirmou que Figueiredo se sentira mal. E que os médicos que o atenderam na Granja do Torto diagnosticaram o mal como problema cardíaco.

O *Jornal do Brasil* publicou a notícia com discrição no dia seguinte. Choveram desmentidos oficiais, e somente desmentidos. O jornal se sentiu obrigado a publicá-los. Dali a poucas semanas, o presidente viajou aos Estados Unidos para operar o coração.

POUCO ESPAÇO

Todo governo mente. Aqui e em qualquer lugar. Tenha a cor política que tiver. Alguns governos mentem mais do que outros, mas todos mentem. Mentem, manipulam informações ou simplesmente as omitem. Informação é poder. Os governos a usam para manter ou conquistar o apoio da opinião pública. E, no caso dos regimes democráticos, o apoio das forças políticas que os sustentam no Parlamento. Jornalista deve liminarmente desconfiar de toda e qualquer informação que emane de fontes oficiais. E checá-la à exaustão.

Leitor deve desconfiar sempre das informações oficiais.

Como não se pode obrigar as fontes oficiais a falar a verdade, nada mais que a verdade, informações que emanem delas devem ocupar pouco espaço nos jornais.

SEM DEIXAR PELO MEIO

Nada desperta mais raiva nos leitores do que começar a acompanhar uma história pelos jornais e não saber como ela terminou. Este é o passatempo predileto dos jornalistas: irritar os leitores não dando continuidade às notícias que publicam. Especialmente às que mais atraíram a leitura.

Mudamos de assunto como mudamos de roupa diariamente – e que se virem os leitores interessados no assunto publicado ontem e esquecido hoje.

Nem toda notícia merece ou pode ter sequência no dia seguinte. Se depender dos governos, por exemplo, notícia sobre atos irregulares praticados por eles não terá desdobramentos nem amanhã nem nunca. Se depender da agilidade da Justiça, uma notícia só produzirá outra quando todos estiverem esquecidos da primeira.

Mas, mesmo quando uma história leva muito tempo para ser concluída, os jornais devem relembrá-la vez por outra, informando em que pé está. Alguns jornais têm o cuidado de recuperar notícias que ficaram pelo meio. A maioria, não. E custaria tão pouco fazê-lo! Custaria só o esforço de manter atualizada uma relação dessas notícias. E de não esquecer de consultá-la. Torrem a paciência dos seus chefes, mas não renunciem a contar o resto de uma história.

A CULPA É SUA

Desde que uma informação relevante possa ser atribuída a alguém, deve o jornal sentir-se liberado para publicá-la? Afinal, verdadeira ou não, quem a forneceu se dispôs a assumi-la publicamente. E assim se tornou responsável por ela. Se mais tarde a informação revelar-se falsa, a culpa não será do jornal. Será da fonte. Certo? Errado.

Quando iremos entender que jornalistas e jornais são responsáveis – e como tal deveriam sentir-se – por tudo que publicam? Que somos pagos para checar antes a veracidade do que publicamos depois? E que não devemos precipitar a divulgação de uma notícia impelidos tão somente pela pressa e pelo medo de sermos furados?

O leitor dá mais importância à informação correta do que ao furo. Por vaidade e ignorância, o jornalista valoriza mais o furo.

Não se sai melhor quem publica a notícia primeiro, mas quem publica a melhor notícia – a mais completa, a mais precisa e, portanto, a mais confiável.

A credibilidade de um jornal se constrói penosamente ao longo de muitos anos. Mas bastam alguns poucos erros clamorosos para que comece a ruir.

QUEM É SEU PATRÃO

Para o bem ou para o mal, o todo-poderoso político baiano Antonio Carlos Magalhães é um personagem inesquecível. Atribui-se a ele o seguinte comentário sobre os jornalistas: "Há que se dar a cada um o que cada um quer. Não se pode oferecer emprego a quem quer notícia, notícia a quem quer dinheiro e dinheiro a quem quer emprego".

Conheci Antonio Carlos na Bahia em 1978. Desta época até sua renúncia ao mandato de senador em 2001, nossa relação foi pontilhada de incidentes. Ele foi uma boa fonte de informação à qual recorri em diversas ocasiões. Em outras, ele se empenhou em me ver aposentado antes do tempo. Ou pelo menos fora do emprego que eu tinha.

Ninguém no exercício do poder – seja ele de que tipo for – dá informação de graça a jornalista. Dá para agradá-lo – e para dele receber mais tarde algum agrado. Ou dá porque tem interesse em ver a informação publicada.

Sei que boas fontes de informação, ávidas por contar tudo que sabem aos jornalistas, não dão expediente em São Paulo no cruzamento da avenida Ipiranga com a avenida São João. E sei também que perder uma fonte dói na agenda eletrônica e na alma de qualquer jornalista.

Mas devemos o emprego a quem nos lê e não a quem nos informa ou mesmo nos paga o salário. Não temam perder fontes desde que mantenham o respeito dos leitores.

Entre servir aos leitores ou servir às fontes, não hesitem.

Um cínico diria: "Entre servir aos leitores ou servir às fontes, sirvam às fontes. Porque sem elas vocês não servirão aos leitores". É uma falsa verdade. Fonte se substitui. Leitor, raramente.

A MELHOR DE TODAS AS FONTES

Fora vocês mesmos, que são pagos para encontrar boas histórias, a melhor fonte de informação não é a que sabe tudo, mas a que nos conta o que sabe. E aí um porteiro da Bolsa de Valores de São Paulo pode ser melhor fonte do que o governador do Paraná.

A melhor fonte é também a que tem jeito de jornalista. Sabe observar, valoriza o detalhe e guarda tudo na memória. Descobri que um simples funcionário de repartição poderia ser melhor fonte de informação do que um ministro de Estado quando comecei a perder as fontes que tinha no primeiro escalão do governo do presidente José Sarney.

Eu escrevia uma coluna política no *Jornal do Brasil*. E batia muito no governo. A turma do primeiro escalão começou a evitar-me para não ficar mal com o presidente. E para livrar-se da suspeita de que era responsável por alguma das informações que eu publicava. Consegui ser mais bem informado quando passei a procurar o pessoal do segundo e do terceiro escalões do governo.

Mas não basta para o jornalista dispor de boas fontes e em grande número. É necessário cuidar bem delas. Procurá-las sempre, mesmo que seja só para jogar conversa fora. E treiná-las.

Sim, treiná-las. Fonte se treina. Como se treinam repórteres.

Quando o Senado se reuniu em sessão secreta para cassar o mandato do senador Luiz Estevão de Oliveira em meados de 2000, havia no plenário duas pessoas previamente treinadas por mim para me contar tudo depois. Eram dois senadores. Um dia antes da sessão, eu me reuni com cada um deles em separado e detalhei o que deveriam observar. Como se faz com repórteres pouco experientes.

Quando o jornal publicou em *off* as informações apuradas por eles, Luiz Estevão achou que o *Correio Braziliense* tinha gravado a sessão de alguma maneira. E chegou a falar que pediria sua anulação porque ela deixara de ser secreta.

TODO CUIDADO É POUCO

Informação em *off* é a que alguém nos dá na condição de não revelarmos sua identidade. É o melhor dos mundos para a fonte. Ela pode contar-nos uma verdade ou uma mentira sem correr riscos pelo que nos contou.

Sem o recurso do *off*, as melhores histórias ficariam na geladeira para sempre. Ou por muito tempo. Logo, não dá para trabalharmos sem ele. Mas há que ter critérios no seu emprego.

Sugiro que informação em *off* só seja aproveitada se confirmada por mais de uma fonte – em *off* ou não. De preferência em *on*. Ou se o repórter investigar a informação e conseguir confirmá-la.

Declaração em *off* é proibido. Quem declara algo emite uma opinião. Se não quer ter o nome ligado à opinião que emitiu, é porque teme seus efeitos. Se não se responsabiliza por ela, por que devo eu responsabilizar-me?

Quantas mentiras já não publicamos com base em informações obtidas em *off*! Quantos crimes o *off* já não nos levou a cometer contra a honra e a imagem de pessoas e instituições! No final de 1984, quando já era candidato a presidente da República, Tancredo Neves soube que seu adversário, Paulo Maluf, cobrava do presidente Figueiredo uma reforma ministerial. Maluf queria que Figueiredo pusesse no governo aliados fiéis. Políticos dispostos a apoiar o presidente com mais firmeza.

O candidato do governo era Maluf. Mas Figueiredo não simpatizava com ele. Nem com a ideia de trocar ministros a poucos meses do fim do mandato.

Interessado em abortar a reforma, Tancredo espalhou em *off* a notícia de que Figueiredo cedera às pressões de Maluf. E adiantou até alguns nomes de futuros ministros. Os jornais publicaram a notícia sem naturalmente atribuí-la a Tancredo. O presidente pensou que Maluf plantara a notícia nos jornais para forçá-lo a fazer a reforma. Ele então bateu o pé e não mudou o ministério. A mentira em *off* de Tancredo ajudou a elegê-lo.

Informação em off *é invenção dos americanos. Foram eles, pelo menos, que popularizaram o recurso. Originalmente, o* off *foi utilizado para passar informações que não deveriam ser publicadas. Elas serviam para situar melhor o jornalista em relação a determinado assunto. Mais tarde, a informação em* off *começou a aparecer nos jornais e revistas. Por mais absurdo que pareça, já participei de entrevista coletiva de ministro de Estado concedida em* off. *E já vi entrevista em* off *ocupar uma página inteira de jornal. No princípio de julho 2002, um jornal paulista entrevistou em* off *a suposta testemunha de um possível caso de corrupção na prefeitura de Santo André.*
 O repórter desconhecia o nome da testemunha. Nunca a vira. Conversou com ela por telefone – mas não sabia onde ela estava. Desconhecia seu número de telefone. Foi o principal denunciante do caso quem telefonou para a suposta testemunha e fez com que ela falasse com o repórter.
 O off *virou uma bagunça no Brasil!*

ELES QUE SE CUIDEM

Só considerem *off* a informação que alguém lhes dê nesta condição. Cansei de perguntar a repórter: "Esta informação foi dada em *off* ou você pode atribuí-la ao seu informante?". E cansei de ouvir de volta: "Bem, a fonte não disse que era em *off.* Mas só pode ter sido".

Não vale a desculpa "só pode ter sido". Jornalista é jornalista o tempo todo. Em qualquer lugar onde estiver. Se tiver acesso a uma informação de interesse público e se estiver convencido de sua veracidade, deverá publicá-la. E não ter a preocupação de que a informação deixará bem ou mal quem a forneceu.

No primeiro semestre de 2002, o chefe do Ministério Público do Distrito Federal sentou à mesa de um bar em Brasília na companhia de meia dúzia de repórteres. Depois de beber umas e outras, e de ouvir o comentário de um repórter sobre suas estreitas ligações com o governador, decidiu contar como fora escolhido para o cargo.

Admitiu sua amizade com o governador. Mas disse que devia seu cargo ao embaixador Sérgio Amaral, graças a um favor que lhe prestou. Amaral, na época ex-ministro do governo de Fernando Henrique Cardoso, intercedeu a seu favor com o presidente da República e este o nomeou chefe do Ministério Público do Distrito Federal.

A confissão do procurador foi publicada dois dias depois e lhe custou sérios embaraços. Ele achou que a conversa de mesa de bar era informal e que por isso não seria publicada.

Ora, o procurador era uma pessoa pública, no exercício de uma função pública e estava rodeado de jornalistas. O que contou era de interesse público. E ele não pediu *off*. Os jornalistas tinham mais era que publicar o que ouviram.

SIGILO ATRÁS DAS GRADES

Uma vez que tenham assumido o compromisso de manter em sigilo a identidade de uma fonte, vocês estarão obrigados a honrá-lo. Percam o emprego, vão para a cadeia, mas não desrespeitem o acordo com a fonte. É questão de ética.

Existe uma lei que lhes permite omitir a identidade da fonte até perante a Justiça. Mas, se o chefe de vocês perguntar para conhecimento só dele quem foi a fonte de tal ou qual informação, revelem. Porque, se não confiarem no seu chefe, ele poderá sentir-se desobrigado de confiar em vocês.

A jornalista americana Vanessa Leggett, de 33 anos, professora de Técnicas Literárias na Universidade de Houston, no Texas, amargou em meados de 2001 algumas semanas de cadeia porque se recusou a revelar à Justiça as fontes de informação que consultou para escrever a reportagem sobre um assassinato. Como a reportagem seria publicada em livro e Vanessa não era empregada de nenhum veículo de comunicação, a Justiça entendeu que ela deveria contar tudo que sabia à polícia. Vanessa alegou sua condição de jornalista para não contar. E não contou.

VALE MAIS VER DO QUE OUVIR

Vejam mais e ouçam menos. Deem menos importância a declarações e descrevam mais o que viram. Ou reconstituam o que não puderam ver.

A maioria das declarações que leio nos jornais não serve para nada. Ou melhor: serve para deixar seus autores felizes porque foram citados. Declarações que de fato valem são poucas. E as melhores nunca são feitas aos jornalistas.

O mesmo se dá com as notícias. Há as que são produzidas para serem publicadas. São as que geralmente valem menos. Há outras que nos contam na condição de não as publicarmos. Estas valem mais. E há as que desconhecemos ou que se nos escondem. São as mais importantes. De vez em quando descobrimos uma delas.

Em resumo: publicamos quase sempre notícias de terceira categoria.

SE VIRAM, CONTEM

Sugeri que enxerguem mais, descrevam mais o que viram, reconstituam mais o que não viram e publiquem menos declarações.

Pois foi o que fez o repórter Elio Gáspari na cobertura do velório do grupo Mamonas Assassinas em março de 1996. Os cinco rapazes morreram em um acidente aéreo quando voltavam de Brasília para São Paulo depois de um show. Os corpos foram velados em Guarulhos, onde os rapazes viveram. A morte deles comoveu o país. Era a banda de maior sucesso nesse momento.

O evento foi coberto por mais de 50 jornalistas. Mas só Elio descreveu o que vira. A maioria dos outros vira e ouvira o óbvio – declarações desesperadas de fãs inconsoláveis, de alguns políticos que compareceram ao velório, e de policiais e bombeiros destacados para garantir a segurança na ocasião.

A reportagem de Elio é uma lição de jornalismo. Mostra o empenho do bom repórter na apuração de detalhes que escaparam à atenção dos demais repórteres. E ilustra uma das qualidades do aspirante a jornalista de que falarei adiante: a imaginação.

Imaginação para aproximar informações que, separadas, pouco querem dizer; para interpretar fatos e extrair conclusões; para *dizer mais* sem no entanto *dizer demais*.

Eis como Elio começou sua reportagem:

> Guarulhos se bastou chorando a morte dos artistas do lugar. Havia 62 coroas. Num lugar de honra, a de Gugu Liberato. Depois, o retrato do pedaço: "Amigos do Reggae Night", "Mecânica Panda", "Empresa Meteoro" e "As Saudades do Nua Bar", onde eles cantavam antes do Utopia. Os caixões eram sete, mas a funerária não teve crucifixos. Vieram só cinco. Foram 14 horas de fila.
>
> Uns poucos meninos jogaram flores e folhas de mamona em direção aos caixões. Eram sete famílias (cinco Mamonas, um técnico de palco e um agente de segurança). Nenhum terno, nenhuma solenidade. Para quem vive de grandes funerais, os Mamonas fizeram sucesso até o fim.
>
> Valdir Pinheiro mora em Osasco, tem uma Kombi na qual carrega sua carrocinha de cachorros-quentes. Esteve em funerais memoráveis. Tancredo Neves ("o maior de todos, nunca vendi tanto, mas também foram vários dias"), Elis Regina e Ayrton Senna ("havia muita solidariedade, vendi 250, mas lá eu servia também calabresa"). Esperava vender 150 e gostava dos Mamonas.

Li todas as reportagens publicadas pelos principais jornais brasileiros sobre o velório dos Mamonas. Em nenhuma, salvo na do Elio em *O Estado de São Paulo*, encontrei a informação sobre o número de coroas e a falta de dois crucifixos. Em nenhuma outra li sobre a falta de cunho oficial e de solenidade do velório.

SEJAM BURROS ACIMA DE TUDO

O bom repórter é o repórter burro, decretou o jornalista Elio Gáspari quando era diretor-adjunto da revista *Veja*. Repórter burro é o que não tem vergonha de perguntar. Ele pergunta, pergunta, pergunta e retorna à redação com todas as dúvidas esclarecidas. E com todas as informações de que precisa para escrever sua matéria.

Não temos obrigação de saber tudo e de entender de tudo. Portanto, não temos de sentir vergonha de perguntar. O repórter burro é o mais inteligente dos repórteres.

PESQUISA É PARA PESQUISAR

Departamento de pesquisa de um jornal existe para ser usado. Repórter só deve ir atrás de um assunto depois de ler tudo que existir sobre ele no departamento de pesquisa. Poucos procedem assim. Não sabem o que perdem. Os leitores pagam a conta.

Entrevistei muita gente famosa em 35 anos de jornalismo. Mas, para o que quero dizer aqui, só vale a pena mencionar uma entrevista – a que fiz com o sociólogo pernambucano Gilberto Freyre, autor do clássico *Casa Grande & Senzala*. Foi publicada pela revista *Playboy* em março de 1980.

O Centro de Documentação e Pesquisa da Editora Abril dispunha de farto material sobre Freyre. Gastei uma semana lendo tudo. Dei mais atenção às entrevistas, artigos que ele escreveu e artigos escritos sobre ele. Interessava-me mais o homem Gilberto e menos o intelectual Freyre.

Eu morava em Salvador nessa época. E dirigia a sucursal da *Veja*. Por telefone, conversei com uma dezena de amigos do escritor antes de embarcar para entrevistá-lo em sua casa em Recife. Quando aí cheguei, levava um questionário com 186 perguntas escritas. Das 186, não devo ter aplicado mais da metade. Muitas ele respondeu em meio a outras. E algumas perderam o sentido diante do rumo tomado pela entrevista.

COMO PERGUNTAR

O sucesso de uma entrevista depende basicamente do entrevistado. Porque se ele responder mal as perguntas ou não responder as mais interessantes, a entrevista ficará uma droga. Mas se o entrevistador não souber o que pretende extrair do entrevistado, o resultado será uma droga do mesmo jeito. Como escritor de renome mundial, Gilberto Freyre era um homem vaidoso. E aos 80 anos de idade se sentia acima do bem e do mal.

Entrevistei-o por quase seis horas durante três dias. E planejei deixar as perguntas mais embaraçosas para o último dia. Porque é preciso que o entrevistado fique à vontade. A melhor forma de conseguir isto é fazer primeiro as perguntas que ele gostaria de responder.

As perguntas devem ser feitas com simplicidade. Quem deve parecer inteligente ou não aos olhos dos leitores é o entrevistado. Se a entrevista ficar boa, o jornalista sairá bem na foto. Não caiam na bobagem de fazer as perguntas embaraçosas de uma vez, uma atrás da outra. Dosem tais perguntas. Para que o entrevistado não se sinta acuado. Jamais anunciem: "Vou fazer agora uma pergunta importante". Apenas façam.

Mudem de assunto se notarem que o entrevistado começa a ficar nervoso. Retomem o assunto quando ele menos esperar. Não o forcem a dizer o que gostariam de ouvir. Ele está ali para responder as perguntas, não para respondê-las da forma como vocês desejariam.

Acabei por fazer as perguntas mais fortes logo no primeiro dia da entrevista, tal era a disposição de Freyre de encarar com desassombro e bom humor qualquer assunto.

Ele confessou que teve experiências homossexuais. Admitiu que sua "curiosidade antropológica" o levara a trair a mulher com negras africanas. Citou pessoas que considerava chatíssimas, entre elas o arquiteto Oscar Niemeyer. Reprovou a tortura a presos políticos. Bateu na imprensa. Criticou os intelectuais paulistas. E elogiou apenas um deles: Fernando Henrique Cardoso.

Temi a reação de Freyre quando a entrevista foi publicada. Soube que sua família a detestara. E que vários amigos dele exigiam que a desmentisse. Ele não poderia desmentir porque eu gravara tudo. Mas poderia alegar que seu pensamento fora deturpado. Afinal, uma boa parte do que ele me disse não foi publicado por falta de espaço.

Quando finalmente tive coragem de lhe telefonar e perguntar sobre a entrevista, respondeu feliz:

— Somos sócios em um grande escândalo, não é?
Éramos. Mas o responsável pelo escândalo era ele, somente ele. Eu apenas o provoquei.

O ex-presidente americano Richard Nixon escreveu no seu livro de memórias que um entrevistado deve preocupar-se mais com as últimas do que com as primeiras perguntas de um repórter. Não é bem assim. Mas pode ser.

OBSERVEM TUDO

Notícia em uma entrevista está no que diz o entrevistado. Mas pode estar também no silêncio dele, na irritação que demonstra diante de uma pergunta, no sorriso que esboça quando escuta outra, na recusa em responder uma determinada questão. Tudo deve ser observado. E o relevante, publicado.

Em junho de 1984, quase no finalzinho da ditadura militar, o PDS, partido do governo, pensou em fazer uma prévia para escolher seu candidato à sucessão do presidente João Batista Figueiredo. Havia quatro aspirantes a candidato: Paulo Maluf, Marco Maciel, Mário Andreazza e o então vice-presidente da República Aureliano Chaves.

A cúpula do PDS era favorável à candidatura de Aureliano. Mas não se opunha à de Maciel nem à de Andreazza. Ela só não queria apoiar a candidatura de Maluf. Se a escolha do candidato fosse decidida durante uma convenção nacional do partido, Maluf derrotaria seus concorrentes.

A prévia era um recurso para dificultar a vitória de Maluf. A escolha do candidato caberia a um universo mais amplo de eleitores – os filiados ao partido. Em uma convenção, só votariam os delegados estaduais.

Maluf se opôs à prévia. E todas as atenções se voltaram a partir daí para o presidente Figueiredo. Se ele concordasse com a prévia, Aureliano poderia vencê-la. Se discordasse, o candidato do PDS acabaria sendo Maluf ou Andreazza, os mais fortes em uma convenção.

O silêncio de Figueiredo durou uma semana. Foi rompido, e ainda assim de má vontade, ante a insistência da repórter Sônia

Carneiro, do *Jornal do Brasil*, que o abordou durante visita dele ao Congresso.

Soninha se notabilizou por fazer as perguntas que os jornalistas de Brasília gostariam de fazer mas não tinham coragem para tanto durante a ditadura.

— Presidente, o senhor é a favor ou contra a prévia?

Figueiredo fingiu que não ouviu. Soninha insistiu:

— Presidente, se um dos candidatos se recusar a disputar a prévia, ainda assim ela deverá ser feita?

Figueiredo olhou feio para ela e deu as costas.

Soninha foi atrás dele, conseguiu ultrapassá-lo e provocou-o com nova pergunta:

— Presidente, só haverá prévia se Maluf participar dela?

Irritado, o presidente respondeu como quem soletra:

— So-men-te.

Foi a entrevista mais curta concedida por Figueiredo e a que alcançou maior repercussão naquela época. A única palavra que ele pronunciou virou manchete de primeira página do *Jornal do Brasil*. Os demais repórteres que ouviram o diálogo de Soninha com o presidente não lhe deram importância.

O "somente" de Figueiredo antecipou uma decisão dele que rachou o PDS, deu origem ao atual PFL e ajudou a eleger o presidente Tancredo Neves – o que morreu em 21 de abril de 1985 sem ter tomado posse.

PERGUNTEM TUDO

O jornalista tem direito a fazer qualquer pergunta? E pode perguntar o que quiser a qualquer pessoa? Se for para descobrir ou esclarecer algum fato de interesse público, ele deve perguntar o que achar que deve e a quem achar que deve ser alvo das suas perguntas.

Não há perguntas inconvenientes. Pode haver respostas inconvenientes. Mas este é um problema para quem responde.

Recomendo, apenas, que sejam educados ao perguntar. Por excesso de educação, vocês podem perder a vida, quanto mais a chance de fazer uma pergunta. Portanto, não percam nem uma coisa nem outra por querer demonstrar elegância exagerada.

Na maioria dos países, até mesmo no nosso, os jornalistas tratam autoridades em geral com excesso de bons modos. Nos Estados Unidos, por exemplo, os jornalistas não se sentem inibidos nem diante do presidente da República. Perguntam o que querem saber e são bastante agressivos ao perguntar.

Não se tem aí um temor reverencial pela autoridade, qualquer que seja ela. Porque se entende que alguém investido de funções públicas deve satisfações à sociedade.

Os jornalistas fazem a intermediação da sociedade com os que a representam. Este é um dos seus papéis. O outro é o de fiscalizar atos e comportamentos dos que exercem o poder – o poder público ou o privado que influencia a vida das pessoas.

Tenham cuidado, apenas, quando fizerem perguntas durante entrevista transmitida ao vivo pela televisão. Porque uma pergunta pode parecer uma acusação. E causar sério estrago à imagem de quem respondê-la, mesmo que se saia bem na resposta.

Uma vez, durante entrevista coletiva transmitida ao vivo pela televisão, o então presidente Fernando Collor foi surpreendido por uma pergunta de Sônia Carneiro (mais uma vez ela...):

— O senhor está com Aids?

Ele levou um susto, sorriu e respondeu que não. Disse que gozava de boa saúde.

Pelo visto, gozava, sim. Mas durante muito tempo a pergunta alimentou boatos sobre o verdadeiro estado de saúde do presidente. Certamente fez mal à sua imagem.

LEMBREM-SE DO CONTEXTO

Fora de contexto, um fato pode não ter importância. Ou pode ganhar uma importância que não tem.

Se visto como fato isolado, a escolha da deputada Rita Camata, do PMDB do Espírito Santo, como vice na chapa de José Serra, candidato do PSDB à Presidência da República, poderia ter significado apenas que os dois partidos disputariam juntos a sucessão de Fernando Henrique Cardoso.

Se visto como fato conectado a outros, a escolha de Rita teve a ver com a valorização crescente do papel das mulheres nos diversos aspectos da vida nacional. A população brasileira radiografada pelo último censo é mais feminina do que masculina.

Se nos lembrarmos contudo que, em março de 2002, uma mulher, Roseana Sarney, estava em segundo lugar nas pesquisas de intenção de voto para presidente, a escolha de Rita como vice indicaria também que Serra queria herdar parte dos eleitores órfãos da candidatura da ex-governadora do Maranhão.

Contexto, pois, é isto: a "inter-relação de circunstâncias que acompanham um fato ou uma situação", segundo o *Dicionário Houaiss da Língua Portuguesa*. Ninguém que queira entender corretamente um fato ou uma situação pode desprezá-lo.

Os repórteres que no início de maio de 2002 cobriram uma visita de Luiz Inácio Lula da Silva à Universidade Católica do Distrito Federal desprezaram o contexto do fato. E, ao fazê-lo, produziram com seus relatos danos à imagem do candidato do PT a presidente da República.

Lula, segundo destacaram o *Jornal do Brasil* e *O Estado de São Paulo*, disse a alunos da universidade que esperava ver o povo nas ruas em sua defesa, caso fosse eleito presidente e depois ameaçado por um golpe. Exatamente como acontecera com o presidente Hugo Chávez na Venezuela.

A *Folha de São Paulo* não deu relevo à declaração de Lula. Foi o único jornal a registrar que a declaração do candidato resultara da pergunta de um aluno.

— Se o senhor for eleito e se tentarem derrubá-lo como aconteceu há pouco com Hugo Cháves na Venezuela, o que o senhor fará?, perguntou um estudante.

Depois de pensar um pouco, Lula respondeu:

— Se isso acontecesse, eu gostaria que o povo reagisse como reagiu o povo da Venezuela. Mas acho que nada disso acontecerá.

A *Folha* foi mais uma vez o único jornal a publicar o complemento "mas acho que nada disso acontecerá".

Fora do contexto, a declaração de Lula deu margem à interpretação de que ele temia o risco de um golpe caso fosse eleito presidente. Contextualizada, ela perdeu seu significado explosivo.

FATO TEM MEMÓRIA

Ainda sobre contextualização. Um marciano que desembarque na Terra e folheie um jornal tem o direito de entender o que nele estiver publicado. Leitores que vivem neste planeta frequentemente não conseguem entender.

Quando se trata de um assunto que se arrasta por muito tempo no noticiário, os jornalistas esquecem de contextualizá-lo a cada notícia que publicam. Não se pode partir do pressuposto que todos os leitores leem todas as notícias diariamente. Até porque não leem mesmo. Mas eles têm o direito de entender tudo que se publica.

Isso não quer dizer que cada notícia deva conter a memória completa das notícias anteriores sobre o mesmo assunto. Mas o mínimo de memória ela deve conter, sim. Caso contrário se tornará ininteligível para o leitor de primeira vez.

FATO SEM MEMÓRIA

Li nos jornais pesados ataques contra Roseana Sarney quando ela ainda sonhava em suceder o presidente Fernando Henrique Cardoso. Os autores de alguns ataques eram adversários políticos dela no Maranhão.

Não havia nada de mais que eles a atacassem e que os jornais publicassem o que disseram – salvo por um pequeno detalhe: vários deles não foram apontados como adversários de Roseana.

A condição de adversários políticos deveria ter sido expressamente destacada para que os leitores pudessem avaliar melhor a importância dos ataques desferidos. Fosse para relativizá-los ou não.

Se não conheço o contexto da política maranhense, o que me parece um tiro de canhão pode não passar do estouro de um traque de massa.

DIGAM NÃO À PREGUIÇA

Documento não se "entrevista". E, no entanto, os jornais têm o hábito de publicar matérias que se resumem a "entrevistar" documentos. Tais matérias são as que resumem o conteúdo de documentos. E, que, no máximo, citam aqui e ali comentários do seu autor ou dos seus autores.

São matérias preguiçosas. No mais das vezes, o documento deve servir de base a uma matéria. A partir dele, o repórter deve apurar informações que o complementem ou ilustrem. Se o documento mostra com números, por exemplo, a escalada da violência em Belo Horizonte, o repórter deve apurar histórias de pessoas que tenham sido vítimas aí de atos de violência; ouvir especialistas no assunto; e comparar os números da violência em Belo Horizonte com números de outras cidades.

Quanto mais aprofundar o assunto, melhor ficará a matéria.

Tudo que puder ser humanizado deverá sê-lo. Não esqueçam que toda notícia é uma história. E que gente gosta de ler histórias sobre gente.

CAPÍTULO IV

Sobre a arte de escrever

RESPEITO À LÍNGUA É BOM

Ninguém será guilhotinado na praça da Bastilha por não saber escrever português direito. Primeiro, porque não se tem notícia de uma praça com esse nome no Brasil. Segundo, porque infelizmente aposentaram a guilhotina até mesmo no país em que foi inventada.

Mas ninguém é obrigado a trabalhar em jornal ou em qualquer outro lugar que exija bom texto se não souber expressar-se em português. Sei que muitos de vocês não se deram conta da obrigação de escrever bem para quem vive de escrever. Ainda não é tarde.

Se descobrirem, antes que alguém descubra por vocês, que lhes falta intimidade com as letras, aprendam rapidinho se puderem. Se não puderem, digam que vão ali, voltam já e não voltem.

Já aconselhei muita gente a mudar de profissão e não me arrependo. Alguns aceitaram o conselho e se deram bem em atividades mais lucrativas. Outros teimaram em permanecer onde não deveriam. A maioria quebrou a cara. Uma minoria manifestou vontade de quebrar a minha.

A redação não é o lugar adequado para aprender a escrever. Primeiro porque nela tudo é feito às pressas e ninguém tem muito tempo para ensinar o que quer que seja a outros. Segundo porque há gente na redação que também não sabe escrever.

Se forem espertos e bons observadores, recém-formados admitidos em um jornal podem aprender as técnicas para redigir uma notícia, uma reportagem, um artigo. Mas já devem saber escrever bem. Bem, não. Muito bem.

Assim, por exemplo, como a GM não contrata para aparafusar peças quem não saiba aparafusar ou hesite na hora de distinguir entre uma porca e um parafuso, redação alguma deveria contratar quem não soubesse escrever. Ou, sabendo, não fosse um curioso insaciável. Ou, sendo, não tivesse imaginação.

Imaginação é a palavra-chave. Sem ela, o jornalista não enxerga além do fato. Por vezes, não enxerga o próprio fato. Não percebe o que ele esconde ou o que se esconde por trás dele. Não adivinha o que ele anuncia, o que está por vir, o que virá. Porque uma notícia não é apenas uma notícia. Ela não existe isoladamente: conecta-se com o passado e o presente. É parente próxima ou distante de outras que a antecederam. E será pai e mãe de novas notícias.

> *A GM não lida mais com o problema de aparafusadores que não sabem aparafusar porque são os robôs que se encarregam da tarefa em uma fábrica moderna. Os jornais, não. Eles ainda abrigam jornalistas que escrevem mal. E ainda precisam de jornalistas, embora já exista um programinha de computador que redige notícias do tipo feijão com arroz como tantas das que lemos por aí em jornais e revistas.*
>
> *GM, para quem ainda não ligou nome com sobrenome, é a General Motors, uma das maiores montadoras de carro do planeta. Sei que lidamos com muitas siglas cujo significado não se consegue decifrar de imediato. Aconselho usá-las só depois de escrever por extenso o que elas querem dizer.*
>
> *Outra sugestão: não abusem do parêntese. Se o usarem, jamais o façam em trechos extensos. Se não o leitor, ao chegar ao fim da leitura, não saberá mais o que leu e terá de reler o texto.*

O mínimo, pois, que se espera de um jornalista ou de alguém portador de tal título é que saiba lidar com sua principal ferramenta de trabalho: o idioma. Em breve, quem também não souber ler e falar inglês será barrado na portaria dos jornais. Ou admitido na condição de visitante. *Sorry*, mas é isso aí. A língua de Camões não faz o menor sucesso no mundo.

> *Os que só vagamente desconfiam quem foi Camões devem ficar duas rodadas sem jogar, consultar um livro de literatura do ensino*

médio e decorar dez versos do poema épico batizado com o nome de Os Lusíadas.

ESQUEÇAM. NÃO HÁ RECEITA

Escrever é um suplício para quem gosta de escrever. E para quem leva a sério a tarefa de escrever.

> *A repetição do verbo no fim das duas frases confere mais ênfase ao que quero dizer. Ou parecerá descuido? Talvez ficasse melhor assim: "Escrever é um suplício para quem gosta de fazê-lo. E para quem leva tal coisa a sério".*
> *Coisa, não. Gosto do "tal". Sempre me socorro dele. Coisa é tudo e não é nada. Prefiro o modo como escrevi. Recomeço para poupá-los do esforço de recuar algumas linhas.*

Escrever é um suplício para quem gosta de escrever. E para quem leva a sério a tarefa. Não acreditem em quem diz o contrário. Paris pode ser uma festa. Escrever não é uma festa.

Dá prazer ler um texto bem escrito. Escrevê-lo não dá prazer. Dá trabalho. E, vez por outra, remete quem o faz para o divã do psicanalista. Entrei em crise quando li o colombiano Gabriel García Márquez pela primeira vez ali pelos idos de 1970.

> *Deveria ter escrito: "Entrei em crise nos idos de 1970 quando li pela primeira vez o colombiano Gabriel García Márquez". Escrevam em ordem direta. É preferível. Perdão. Quis dizer: "É preferível escrever em ordem direta".*

A leitura de *Cem Anos de Solidão* de García Márquez deixou-me atônito. Durante quase seis meses só escrevi o que fui obrigado. Pois, se soava natural dizer que borboletas amarelas precediam as aparições do namorado de Remédios, a bela, uma das filhas do coronel Aureliano Buendía, e se era possível extrair beleza do simples ato de alguém tocar uma pedra de gelo pela primeira vez, tudo que eu lera até então envelhecera de repente. E os esboços de contos que guardava no fundo de um baú herdado da minha tia Maria José estavam destinados a permanecer aí para sempre.

> *Confesso que não herdei baú algum da minha tia Maria José. O baú se intrometeu nesta história porque gosto de objetos antigos. Se faço ficção, posso inventar o que quiser. Se faço jornalismo, não posso. Devo ater-me aos fatos.*

Não existe receita única para se escrever bem. Não existe, sequer, uma receita. De García Márquez não se dirá que é um escritor econômico de palavras. O português José Saramago não é. Tampouco Jorge Amado o foi.

Graciliano Ramos, o autor de *Vidas Secas*, economizou todas as palavras que pôde. Cortava parágrafos inteiros, palavras dispensáveis, até que sua prosa parecesse tão esquálida e seca quanto os personagens que lhe davam vida.

> *Que lhe davam vida ou lhe imprimiam vida? Imprimiam vida parece mais inteligente. Mas cuidem para não confundir uma construção literária mais elaborada com outra, rebuscada ou pedante. Na dúvida, façam a opção pela simplicidade.*

Ordem direta, simplicidade. Acrescentem "frases curtas". O poeta Vinícius de Moraes disse certa vez que "uma frase longa não é nada mais do que duas curtas". Uma muito longa cansa e confunde o leitor.

Concisão. Sejam concisos. Digam o que querem dizer com poucas palavras. Se puderem contar alguma coisa em cinco linhas não a contem em dez. Ser conciso, porém, não quer dizer ser vago.

O texto jornalístico tem de ser preciso.

Não devo limitar-me a escrever que "Ronaldinho fez o primeiro gol do Brasil no jogo final da Copa do Mundo contra a Alemanha ao aproveitar uma bola largada pelo goleiro". Tenho de dizer quem chutou a bola largada pelo goleiro; de que distância a bola foi chutada; se foi um chute rasteiro ou alto; se o goleiro foi pego de surpresa; se foi a força empregada no chute que fez o goleiro soltar a bola; e se

Ronaldinho empurrou a bola mansamente para o canto (que canto?), ou se preferiu encobrir o goleiro.

Clareza. Não basta escrever com simplicidade. Tem de ser claro. O escritor francês Anatole France dava mais valor à clareza. Ele escreveu: "O estilo tem três virtudes: clareza, clareza, clareza". O espanhol Miguel Unamuno completou: "Escreve claro quem concebe ou imagina claro". Se não sei exatamente o que quero dizer, ninguém me entenderá. Ninguém me entenderá se eu esquecer que escrevo para pessoas comuns, não para iniciados ou especialistas neste ou naquele assunto. O jornalista reporta o que viu e torna o conhecimento mais complexo acessível às pessoas comuns. É da perspectiva dessas pessoas que ele tem de enxergar os fatos e traduzi-los depois.

Um exemplo bom e outro ruim do que quero dizer. Começo pelo ruim. "As bolsas de valores viveram um dia de nervosismo ontem por causa da brutal desvalorização das ações do Banco do Brasil. As ações preferenciais – as mais negociadas no mercado – fecharam o dia cotadas em 9 reais e 50 centavos com perdas de 31,4%.

As ações ordinárias (que dão direito a voto nas decisões do banco) foram cotadas a 10 reais e 80 centavos com baixa de 31,3%. Foram as maiores quedas de papéis do Banco do Brasil já registradas em um único dia desde que eles entraram nas bolsas de valores no início do século. Com a queda de ontem, as ações do banco anularam o ganho médio de 26% acumulado desde janeiro."

O bom exemplo: "Eram três e meia da tarde quando Adonis Assumpção Pereira Jr., o operador da Corretora Magliano, em Porto Alegre, atendeu um telefonema do engenheiro Paulo Araújo Mesquita. Ele queria saber como andavam as ações do Banco do Brasil nas bolsas de valores depois de quase uma semana que estivera fora dos pregões. Adonis respirou fundo por alguns segundos. Primeiro disse que o mercado estava tranquilo, que os índices de lucratividade das bolsas eram estáveis. Mas não teve como esconder o que Paulo Mesquita temia ouvir: as ações do Banco do Brasil haviam despencado. Quem engoliu em seco desta vez foi o engenheiro. Na terça-feira da semana anterior, depois de muito relutar mas seguindo o conselho de um amigo, investira 10 mil reais na compra de ações preferenciais do Banco do Brasil. Dinheiro que ele havia acabado de receber de uma indenização trabalhista. Os 10 mil reais de Paulo Mesquita passaram ontem a valer 7 mil e 610 reais."

Escrevam uma notícia ou uma reportagem como se contassem uma história a um amigo. Toda história tem começo, meio e fim. Notícia e reportagem, também.

Por último, uma sacada do coleguinha Bem Bradlee, ex-editor chefe do *Washington Post*: "Escrever é habilidade adquirida". Ou seja: não é dom. É habilidade que se adquire como qualquer outra.

Como adquiri-la? Lendo muito. E sempre. Lendo tudo – de bons a maus livros, de prosa a poesia, de receita de bolo a bula de remédio. Leiam o que lhes reforce as convicções. E não deixem de ler tudo que as contrarie. Porque se forem pessoas de crenças inabaláveis e de rígidas posições diante da vida, dificilmente serão bons jornalistas.

SEM CONTRAINDICAÇÃO

A lição é do jornalista Mino Carta, inventor de *Veja*, *Isto É*, *Jornal da Tarde*, *Quatro Rodas* e *Carta Capital*: "A língua portuguesa tem mais do que 50 palavras. Usem-nas". Vocês estão dispensados de criar novas palavras, como fez o escritor Guimarães Rosa, autor de *Grande Sertão: Veredas*. Mas não de conhecer e saber usar uma razoável quantidade das que existem.

Se um cirurgião não domina a maioria das técnicas de sutura, como poderá operar? Como escrever de modo satisfatório se meu vocabulário é curto, pobre e capenga?

Por conhecer poucas palavras, acabarei por repeti-las. Por repeti-las, cansarei os leitores. Por cansá-los, eles abandonarão a leitura. Se meu vocabulário é rico, posso variar o uso das palavras e empregá-las com maior correção. Só não devo apelar para palavras desconhecidas ou de uso pouco frequente.

Certa feita, em uma loja de equipamentos eletrônicos de Lisboa, perguntei a um vendedor se determinado aparelho de som aí posto à venda era o "último lançamento" da Sony. Ele me olhou de maneira estranha, chamou o gerente, repetiu o que eu lhe havia perguntado e o gerente me respondeu cauteloso: "Até onde sabemos, a Sony continuará a produzir aparelhos de som. Este aqui não será o último". Na verdade, eu queria saber se esse era o "mais recente" lançamento da Sony. E era.

Proponho-lhes um exercício. Sublinhem no texto abaixo as palavras cujo significado ignoram. E depois chorem a própria ignorância.

> Segue a boiada vagarosamente, à cadência daquele canto triste e preguiçoso. Escanchado, desgraciosamente, na sela, o vaqueiro, que a revê unida e acrescida de novas crias, rumina os lucros prováveis: o que toca ao patrão, e o que lhe toca a ele pelo trato feito. Vai dali mesmo contando as peças destinadas à feira; considera, aqui, um velho boi que ele conhece há dez anos e nunca levou à feira, mercê de uma amizade antiga; além, um mumbica claudicante, em cujo flanco se enterra estrepe agudo, que é preciso arrancar; mais longe, mascarado, cabeça alta, desafiadora, seguindo apenas guiado pela compressão dos outros, o garrote bravo, que subjugou, pegando-o, de saia, e derrubando-o na caatinga; acolá, soberbo, caminhando folgado, porque os demais o respeitam, abrindo-lhe em roda um claro, largo pescoço, envergadura de búfalo, o touro vigoroso, inveja de toda redondeza, cujas armas rígidas curtas relembram, estaladas, rombas e cheias de terra, guampaços formidáveis, em luta com os rivais possantes, nos logradouros; além, para toda a banda, outras peças, conhecidas todas, revivendo-lhe todas, uma a uma, um incidente, um pormenor qualquer da sua existência primitiva e simples.
>
> *("A Arribada", capítulo de* Os Sertões *de Euclides da Cunha)*

Além das palavras, Euclides esgrimava com vírgulas e ponto e vírgulas à perfeição. São eles que ditam o ritmo do texto acima. E, embora muitos, não confundem o leitor atento. (Leitor desatento, apressado, não me interessa. Eu o remeto de bom grado à televisão.)

SEM COMPLICAR

Confissões do argentino Jorge Luís Borges publicadas no livro *Os Escritores – As Históricas Entrevistas da Paris Review*, editado em 1988 pela Companhia das Letras:

Quando comecei a escrever, achava que tudo deveria ser definido pelo escritor. Por exemplo: dizer "a lua" era estritamente proibido; tinha de achar um adjetivo, um epíteto para a lua. (...) Bem, eu achava que nenhum volteio de frase comum deveria ser usado. Eu nunca teria dito: "Fulaninho de tal entrou e sentou", porque isso era simples e fácil demais. Achava que tinha de descobrir alguma forma extravagante de dizer isso. Agora percebo que essas coisas são geralmente aborrecimentos para o leitor.

Mas penso que toda raiz do problema está no fato de que, quando um escritor é jovem, de algum modo sente que o que vai dizer é bastante tolo, óbvio ou lugar-comum, e então tenta ocultá-lo sob uma ornamentação barroca, por trás de palavras tiradas dos escritores do século XVII, ou, senão, se ele se empenha em ser moderno, então faz o contrário: fica inventando palavras o tempo todo, ou aludindo a aviões, a trens ou ao telégrafo e ao telefone porque está esforçando-se ao máximo em ser moderno.

Depois, à medida que o tempo passa, sente-se que as ideias que se tem, boas ou más, devem ser expressas claramente, porque, se você tem uma ideia, tem de tentar passar essa ideia ou essa emoção ou essa atmosfera para a mente do leitor.

PEÇAM. NÃO SOLICITEM

Faço-lhes um pedido: não pleiteiem. Quando escreverem, não pleiteiem jamais. Ninguém que fala normalmente pleiteia algo. A não ser em certos textos de jornais. Deixem que os advogados pleiteiem em suas demandas judiciais. Os políticos costumam pleitear cargos. Ou verbas. As pessoas normais se empenham. Apenas se empenham. Ou se esforçam.

Sei que, se forem orientados, vocês poderão dar-se bem. Se forem direcionados, não se darão.

Também não solicitem. Nem mesmo quando o objeto do desejo for um aumento de salário. Duvido que um de vocês já tenha solicitado qualquer coisa. Vocês pedem. Um aumento, um beijo, um favor. Ora, se pedem na vida real por que diabos solicitam nas páginas do jornal?

E, por favor, não coloquem nada. Doravante, não coloquem. Simplesmente, ponham.

Pergunto (não questiono como muitos de vocês fazem): Dói escrever como se fala? Não dói. Não tira pedaço de ninguém. E é mais fácil. Só não escrevam como falam se falarem errado.

Finalizo por aqui. Ou melhor: termino, acabo, encerro, concluo.

NEM QUE A VACA TUSSA

Coleciono recortes de jornais antigos nos quais bombeiro era chamado de "valoroso soldado do fogo", água de "precioso líquido", mulher casada de "esposa" e perna de "membro inferior".

O mundo gira, não sei se a empresa de transportes Lusitana ainda roda, e os jornalistas teimam em escrever para não serem entendidos.

Encontrei na internet uma lista de expressões usadas só para infernizar a vida dos leitores. Algumas delas frequentam os jornais com certa assiduidade. Outras foram criadas para debochar da nossa cara. Mas fazemos por merecer.

Ei-las:
- Desconforto hídrico (seca);
- Reposição tarifária (aumento);
- Reajustamento de preços (aumento);
- Suspensão temporária de liberdade (prisão);
- Gerenciamento de demanda (racionamento);
- Desaceleração econômica (recessão);
- Excluir a possibilidade de que a vaca venha a exibir espasmos pulmonares (nem que a vaca tussa);
- Usar um dos membros inferiores para deslocar o sustentáculo de uma das unidades de acampamento (chutar o pau da barraca);
- Podes retirar o equino jovem da depressão pluvial (pode tirar o cavalinho da chuva).

ABAIXO OS CHAVÕES

É fácil identificar um. Chavão é o dito, a frase, a expressão ou a ideia que já vimos escrita centenas de vezes. Ou que já cansamos de ouvir.

"Ducha de água fria" é um chavão – por sinal um dos que mais encantam os jornalistas. "Salve-se quem puder" é outro. "Pôr lenha na fogueira" é o preferido de nove entre dez jornalistas que escrevem sobre política.

Segue um monte de outros colecionados pela jornalista Dad Squarisi: a cada dia que passa; a duras penas; a toque de caixa; abrir com chave de ouro; agradar gregos e troianos; alto e bom som; alimentar a esperança; amanhecer do dia; antes de mais nada; apertar os cintos; arregaçar as mangas; atear fogo às vestes; atingir em cheio; dar o último adeus; fazer vistas grossas; poder de fogo.

Há chavões que fazem sucesso durante algum tempo e depois saem de moda. "Opção preferencial" fez sucesso quando apareceu pela primeira vez em documentos da ala mais à esquerda da Igreja Católica no Brasil. "Opção preferencial pelos pobres" era uma definição política de leigos, padres e bispos. Os jornalistas deixaram os "pobres" de lado e passaram a usar somente "opção preferencial". "Opção preferencial" pela economia de mercado; "opção preferencial" pelo combate ao terrorismo; "opção preferencial" da seleção inglesa por um jogo defensivo; enfim, "opção preferencial" por tudo e por nada.

Chavão e lugar comum são sinônimos. Leiam o que escreverem em voz alta que eles se denunciarão mais facilmente. E vocês poderão cortá-los. Não poupem nenhum. Eles empobrecem o texto e desestimulam a leitura. Fujam deles como "o diabo da cruz". Não os empurrem "goela abaixo" dos leitores. Nem tentem com eles "preencher uma lacuna".

Vocês poderão "respirar aliviados" ao ceder à tentação do chavão. Mas o chavão provoca "um ruído ensurdecedor" nos ouvidos e na alma dos mais sensíveis leitores. Há "razões de sobra" para vocês darem "um tiro certeiro" neles.

É O CAOS

Há determinadas palavrinhas que viraram cacoetes de tanto que são usadas. Uma delas é "caos". Tudo no jornal é caos. Há caos em títulos e rara é a notícia que não tenha um caos pelo meio.

"Caos" pode ser empregado como sinônimo de confusão, bagunça, desarrumação.

A anulação de recente concurso da Polícia Militar no Distrito Federal provocou confusão no ginásio lotado de candidatos. Não provocou o caos. Houve muita bagunça no desembarque dos pentacampeões ao Rio de Janeiro porque os milhares de pessoas que foram esperá-los no aeroporto se irritaram com o atraso do início do desfile. Não houve caos.

Deixem para empregar a palavrinha quando relatarem um episódio de proporções jamais vistas. Algo equivalente, por exemplo, à explosão de energia que deu origem ao universo. Isto foi um caos. O fim do mundo será um caos. Mas vocês não estarão vivos para descrevê-lo.

Outra coisa: as notícias estão cheias de "ontem". Em uma mesma notícia contei três vezes a palavra. Sempre que o ontem puder ficar subentendido, que fique subentendido. Evitem usá-lo mais de uma vez numa mesma matéria. Se alguém morre hoje, se publicamos a notícia da morte amanhã e se depois de amanhã publicamos a notícia do enterro, é dispensável dizer que a pessoa foi enterrada ontem.

Apresso-me em chamar a atenção de vocês para o fato de que pessoa alguma é enterrada. Sei que para muitos pode parecer espantoso o que acabo de afirmar. Mas reafirmo: ninguém é enterrado. Getúlio Vargas não foi, Madre Teresa de Calcutá também não, nem João Paulo II, apesar da saúde precária, será enterrado quando finalmente morrer. O corpo de Getúlio e o corpo de Madre Teresa, estes sim, foram enterrados. Como será um dia o corpo de João Paulo II, o meu e o de cada um de vocês.

Peço-lhes mais cuidado com o que escrevem. E desejo-lhes vida longa.

LIVREM-SE DELES

Foi a revista *Veja*, quando começou a circular no final dos anos 60, que reintroduziu o adjetivo no jornalismo brasileiro. Ele tinha sido expurgado do texto com o início da reforma dos jornais no final dos anos 50.

Começamos a copiar a linguagem dos jornais americanos. E nela não havia lugar para adjetivos. Porque o adjetivo implica juízo de valor. E ao escrever uma notícia ou reportagem, não cabe ao jornalista emitir juízo de valor.

Se qualifico como "magistral" a apresentação de um artista, emito um juízo de valor. Salvo se eu for crítico de música e escrever uma crítica sobre o show, não devo definir a apresentação como magistral. Posso descrevê-la de maneira que o leitor conclua, se quiser, que foi uma apresentação soberba.

Veja copiou a revista *Time* e resgatou o adjetivo. Desde então, ele começou a reaparecer nos jornais. Em uma revista como Veja, que mistura informações com comentários e opinião, o uso de adjetivos faz sentido. Faz sentido também em artigos e análises assinadas nos jornais. Fora daí, não.

Toda parcimônia com adjetivos é pouca.

AO SOL O QUE LHE CABE

Caros U. e S.:

A reportagem que vocês publicaram começou assim: "São 7h da manhã. O calor do sol faz subir uma névoa na superfície do Lago Paranoá".

Quando li, me perguntei: o que, além do calor do sol, poderia ter esquentado as águas do lago e provocado a névoa? Um gigantesco aquecedor? Não, ainda não foi inventado um capaz de aquecer o lago que banha um pedaço de Brasília. De resto, um aquecedor assim se alimentaria de energia solar. Nem pensar em energia elétrica.

Imaginei também, mas logo descartei como absurdo, que a névoa poderia ter resultado da erupção de algum vulcão adormecido no fundo do lago. Não há notícia de que exista um. Se existisse e tivesse acordado, saberíamos.

Ainda me passou pela cabeça a hipótese de a névoa ter derivado de calor humano. Mas seria impossível que todos os habitantes do Distrito Federal e das redondezas, de mãos dadas, pudessem abraçar o lago durante algumas horas antes do amanhecer e aquecê-lo a ponto de produzir névoa. Concluí que só o calor do sol poderia, de fato, ser responsável pela névoa. Tal como vocês escreveram.

Então era dispensável que atribuíssem ao sol o que somente a ele caberia produzir. Bastava terem escrito: "São 7h da manhã. O calor faz subir uma névoa na superfície do Lago Paranoá". Imputar a névoa ao calor do sol foi redundante.

Fujam das redundâncias. Elas são supérfluas. Têm de ser cortadas.

SÓ ACHEM SE LHES PEDIREM

Eugênio Coimbra Jr. era secretário de redação do Jornal do *Commercio* de Recife nos anos 60 e era um homem mau. Muito mau. Não perdia a oportunidade de humilhar colegas flagrados em algum tipo de erro. E o fazia em voz alta para que a humilhação se tornasse pública. Quando ele gritava o nome de alguém, a redação silenciava. E todos se preparavam para assistir a uma cena quase sempre inesquecível.

Uma vez ele gritou o nome de Fernando Menezes, na época repórter inexperiente. Não gritou "Fernando Menezes". Berrou: "Seu Fernando Menezes". A formalidade no tratamento costumava anteceder o ato de degradação. Menezes saiu do seu canto e foi até a mesa de Coimbra lá nos fundos da redação. "Chame um fotógrafo, rápido. Quero que o senhor faça uma matéria com esse celibatário empedernido de 13 anos", ordenou.

Coimbra devolveu a Menezes a notícia que acabara de ler sobre um garoto de 13 anos preso durante um assalto. Menezes escrevera que o garoto era solteiro. Coimbra considerou a informação dispensável. E era.

Ninguém ousava contrariar Coimbra. Mas Menezes ousou.

— Seu Coimbra, tem menino de 13 anos casado, comentou baixinho.

— Desse fenômeno, o senhor se ocupará amanhã, encerrou Coimbra.

Menezes aprendeu a lição.

Com Coimbra, Raimundinho "Saco de Ossos", redator do jornal, aprendeu a lição de que não se mistura informação com opinião.

— Seu Raimundinho, o senhor é casado?, perguntou Coimbra depois de ler uma notícia que ele reescrevera.

— Sou sim, seu Coimbra, respondeu Raimundinho com a voz trêmula.

— É feliz no casamento?, provocou Coimbra.

Sem saber aonde ele queria chegar, Raimundinho respondeu que era feliz, sim, e olhou para o chão humildemente. Coimbra continuou o interrogatório sem nem olhar para o redator de pé diante dele:

— Sua mulher é fiel ao senhor?

— Claro que é, seu Coimbra, replicou Raimundinho.

— O senhor tem certeza de que não é corno?

— Que é isso, seu Coimbra? Minha mulher é uma mulher direita, honesta. Eu sou bem casado. Por quê?

Foi quando Coimbra encaixou o golpe:

— Porque somente um corno escreveria o que o senhor escreveu. O senhor começou esta notícia assim: "Pelo simples fato de ter encontrado sua mulher nos braços do amante, o comerciário Francisco José de Araújo a matou ontem com três tiros". O senhor acha, seu Raimundinho, que é um simples fato encontrar a mulher nos braços do amante?

Raimundinho ainda tentou ensaiar uma desculpa:

— Bem, seu Coimbra, eu achei...

— O senhor não está aqui para achar nada, cortou Coimbra. Está aqui só para contar o que aconteceu. Quando eu quiser sua opinião, lhe pedirei um artigo.

SÓ ACHEM SE VALER A PENA

Querem opinar? Primeiro tenham o que dizer. Segundo: o que tiverem a dizer deverá fazer diferença para os leitores. Eles não precisam concordar com a opinião de vocês. Precisam enxergar alguma importância nela. Terceiro: só opinem em artigos assinados. Quarto:

envelheçam antes de querer opinar sobre algum assunto. Acumulem conhecimentos e experiências antes de pensar em opinar.

Como toda regra, esta admite exceções. Mas poucas.

É MELHOR ANOTAR

Se é verdade, não sei. Mas me contaram que o cientista Albert Einstein, o pai da teoria da relatividade, visitou o Rio de Janeiro na década de 1930 e foi ciceroneado pelo jornalista e escritor Austregésilo de Athayde, depois presidente da Academia Brasileira de Letras. Einstein ficou impressionado com a mania de Athayde de sacar do bolso do paletó uma caderneta de anotações e fazer registros apressados.

— O que o senhor tanta anota?, perguntou o cientista.

— Sempre anoto alguma nova ideia que tenho, respondeu o escritor.

— Pois é. Eu só tive uma ideia, comentou Einstein.

Quando tiverem uma boa ideia para abrir um texto, anotem para não esquecê-la. E tentem realizá-la do melhor modo possível.

Mas se tentarem muito e não conseguirem, ou se ficarem insatisfeitos com o resultado, desistam da ideia. Pensem em outra forma de começar o texto. E tentem de novo. Se não tiverem ideia alguma de como começar, releiam suas anotações.

REESCREVER É PRECISO

O primeiro chefe ninguém esquece. O meu foi o maranhense Nagib Jorge Neto, radicado em Recife desde que fugiu do seu estado para escapar dos rigores da repressão do golpe militar de 31 de março de 1964. Nagib chefiava a redação da sucursal do *Jornal do Brasil* de Recife, encarregada da cobertura da maioria dos estados do Nordeste. Ele diz que me empregou como repórter-assistente porque leu alguns trabalhos escolares que fiz quando era aluno do segundo ano clássico do Colégio Nóbrega. Achou que eu levava jeito. Desconfio que não foi assim. Eu era primo da namorada dele, Maria Eunice. E minha estreia na profissão se deve a um típico caso de nepotismo.

> *Não me forcem a ter de explicar o que é nepotismo. Quem ignorar o significado do termo consulte o dicionário. Quem não dispuser de um e não se interessar por dispor de um, fará melhor se mudar de ramo.*

Fiquei um mês inteiro só ouvindo o que me diziam ou me permitiam ouvir. Não apurei nem escrevi uma única notícia. Nagib mandou que eu acompanhasse os outros repórteres para aprender o ofício com eles. Quando fui autorizado a sair à caça de notícias e redigi a primeira, o esforço me reteve mais de três horas diante de uma Olivetti seminova.

Até hoje, quase 35 anos depois, escrevo devagar. E, se me satisfaz, o ato de escrever também me tortura. Nunca gosto do que escrevo. E do modo como escrevi. E tenho certeza de que, se tivesse mais tempo, faria melhor.

Qualquer texto é passível de ser melhorado. Sempre há palavras sobrando, ou que podem ser trocadas, outras fora do lugar e parágrafos que pedem para ser completamente reescritos.

Foi o que comecei a aprender quando entreguei a Nagib a notícia datilografada na folha com o logotipo do jornal impresso na cor verde. Ele estava sentado atrás de uma mesa com quatro gavetas e permaneceu impassível. Eu estava de pé diante dele. Nagib estendeu a mão direita na minha direção, com os dois dedos em forma de pinça pegou a folha como quem pega em algo sujo, gosmento, e, sem sequer dar uma espiada no que nela estava escrito, ordenou:

— Reescreva.

— Mas, Nagib, você não leu, respondi irritado.

— Reescreva. Ninguém escreve bem da primeira vez. Nem da segunda. Nem da terceira. Às vezes, não escreve nunca.

> *Onde se lê "gosmento" na frase sobre o modo como Nagib pegou a folha com a notícia, lia-se originalmente "nojento". O adjetivo*

> "*gosmento*" se aplica melhor à sensação que Nagib me passou. E ao gesto dele de prender o canto esquerdo superior da folha com as pontas dos dedos como se temesse que dela pudesse escorrer algo capaz de sujar-lhe a mão ou respingar na roupa. Algo "*nojento*" pode não escorrer. Algo "*gosmento*" tem vocação para escorrer.

Gastei mais 40 minutos reescrevendo a notícia. A fórmula de escrever uma notícia para o *Jornal do Brasil* naquele final dos anos 60 era rígida e não admitia gracinhas. O *lead* tinha exatas cinco linhas com um único ponto. O *sublead* tinha mais cinco linhas e um ponto. Os parágrafos seguintes podiam variar de tamanho e ter frases mais curtas.

Quando entreguei a Nagib a segunda versão da notícia, ele leu o *lead* com ar de desprezo e decretou:

— Está uma merda. Reescreva.

Não estava. Era sacanagem dele. Mas reescrevi o *lead*. Mexi no *sublead* e acrescentei uma informação que sobrara no último parágrafo.

> *Ficaria melhor se tivesse escrito: "...acrescentei no último parágrafo uma informação que sobrara". Porque a primeira frase dá a entender que acrescentei no 'sublead' uma informação que sobrara do último parágrafo.*

Reapresentei o texto a Nagib, ele o leu na diagonal, olhou o relógio de pulso e comentou:

— Ainda está ruim. Mas não há mais tempo. Vou mandar para o jornal assim mesmo.

Mandavam-se notícias para a sede do jornal no Rio de Janeiro de duas formas: por malote aéreo, quando elas não eram urgentes, e por telegrama quando eram. Essa seguiu por malote. E jamais foi publicada.

A primeira notícia que escrevi e foi publicada com destaque me assustou. Ela saiu no alto de uma página interna sem que tivesse sido reescrita. Comemorei. Nagib nem ligou. Mas a chamada de capa da notícia tinha pouco ou nada a ver com ela. Era assim:

Um aguerrido exército de percevejos, a exemplo dos holandeses do século XVII, invadiu ontem o Recife e está lutando casa por casa no bairro do Ibura contra uma população que começa a fugir desordenadamente.

Cito a chamada de memória. Ao fazê-lo, vejo que o autor poderia ter escrito "... luta casa por casa" em vez de "...lutando casa por casa". Evitem o gerúndio porque ele é ambíguo.

Os insetos sempre me perseguiram. A primeira reportagem que assinei no *JB* foi sobre uma peste de grilos que tomou de assalto a pequena cidade de Altinho, no interior de Pernambuco. Aí, sim, a população lutou casa por casa para livrar-se deles. Foi com a história dos grilos que entendi a diferença entre notícia e reportagem. Para escrever uma notícia sobre a invasão de grilos em Altinho eu não precisaria ter viajado até aí. Muito menos ter aí permanecido três dias. Eu teria apurado a notícia por telefone. E teria escrito umas trinta linhas. Estaria de bom tamanho para um jornal situado a 2.300 quilômetros de Recife.

A reportagem ocupou uma página ilustrada por duas fotografias. Não me lembro quantas linhas escrevi. Mas me lembro que, para fazê-la, entrevistei mais de cinquenta pessoas – do padre encolerizado que realizava procissões diárias pedindo a Deus que devolvesse a paz ao seu rebanho ao gordo e suarento prefeito cansado de comandar o recolhimento de toneladas de grilos mortos à base de inseticidas.

A notícia é um relato mais ou menos breve sobre um fato. A reportagem é um relato mais extenso, abrangente e contextualizado. Num caso como no outro, leiam e releiam o que escreveram quantas vezes puderem. E reescrevam quantas vezes puderem. Depois amarguem a sensação de que não ficou tão bom como poderia ter ficado.

Na sua tradução mais conhecida, o Evangelho de Jesus Cristo segundo São João começa assim: "No princípio era o Verbo, e o Verbo estava com Deus, e o Verbo era Deus. Ele estava no princípio com Deus.

> *Todas as coisas foram feitas por Ele; e nada do que foi feito, foi feito sem ele. Nele estava a vida, e a vida era a luz dos homens".*
>
> *Com todo respeito, reescrevamos o parágrafo acima.*
>
> *Eu cortaria a frase "Ele estava no princípio com Deus". O "ele", no caso, era o Verbo. Se antes foi dito que "no princípio era o Verbo, e o Verbo estava com Deus...", ao escrever em seguida "Ele estava no princípio com Deus" o evangelista apenas se repetiu. Eu também cortaria a frase "e nada do que foi feito, foi feito sem Ele". Porque já foi dito na frase anterior que "todas as coisas foram feitas por Ele". Tudo que sobra em um texto deve ser amputado.*
>
> *Já tentei reescrever o Pai Nosso. Não consegui. Cada frase corresponde a uma ideia. Não há palavras sobrando.*

Ler em voz alta ajuda a descobrir defeitos que escapam aos olhos. Defeitos como o emprego de palavras que rimam, frases mal construídas ou frases demasiadamente longas. Certa vez, na década de 1970, fiz uma reportagem sobre um quilombo que ainda existia perto de Uruburetama, interior do Ceará. Todos aí eram negros e se chamavam Caetano. A reportagem saiu no semanário *Domingo Ilustrado*, uma publicação de vida curta da Bloch Editores.

Como sempre, li, reli e reescrevi a reportagem várias vezes. Ela passou pelas mãos de um redator. E depois foi lida por Samuel Wainer, editor do semanário. Ninguém detectou a construção infeliz de um trecho da reportagem: "Pela manhã, os homens vão trabalhar na roça. E as mulheres ficam nas casas de farinha sentadas no chão com as pernas abertas e a mandioca dentro". Somente quando um amigo me leu depois o trecho em voz alta por telefone foi que notei a barbaridade que havia escrito.

Poderia ter-me limitado a escrever: "E as mulheres ficam nas casas de farinha sentadas no chão descascando mandioca".

COMEÇAR DE NOVO

Depoimento do escritor americano William Faulkner extraído do livro *Escritores em Ação*:

Na minha opinião, se eu pudesse escrever toda minha obra de novo, tenho certeza de que faria melhor, o que é a condição mais saudável para um artista. É por isso que ele continua trabalhando, tentando de novo; ele acredita sempre que dessa vez irá conseguir, irá realizar o que quer. É claro que não conseguirá, é por isto que essa condição é saudável. Uma vez que o fizesse, uma vez que equiparasse a obra à imagem, ao sonho, não lhe restaria mais nada a não ser cortar a garganta, saltar desse pináculo da perfeição para o suicídio.

(...) Não se deve estar nunca satisfeito com o que se fez. Nunca está tão bom quanto seria possível. Sempre sonhe e mire acima daquilo que você sabe que pode fazer. Tente ser melhor do que você mesmo.

(...) A única responsabilidade do escritor é com sua arte. Será inteiramente desapiedado se for um bom escritor. Tem um sonho. Isto o angustia tanto que ele tem que livrar-se dele. Não tem paz até então. O resto vai por água abaixo: honra, orgulho, decência, segurança, felicidade, tudo, para que o livro seja escrito. Se um escritor tiver de roubar a sua mãe, não hesitará; a "Ode a uma urna grega" (de John Keats, 1795-1821) vale mais do que qualquer punhado de velhas.

A DOR DA TRAIÇÃO

Contam na Bahia que um conhecido publicitário avisou à mulher que viajaria a serviço e embarcou com a amante para Manaus em férias de uma semana. Um telefonema anônimo avisou à mulher que ela perdera uma bela viagem e corria o risco de perder o marido.

No retorno do casal, a mulher os recepcionou no aeroporto, olhou o marido no fundo dos olhos, apontou o dedo para a amante e disse com voz firme:

— Dou seis meses para você se livrar dessa vagabunda!

Sinto-me como a mulher do publicitário baiano. Ou talvez pior. Porque dei a vocês seis meses, depois mais seis e por últimos outros seis para que descobrissem que o *lead* convencional morreu. Para que chorassem, se quisessem, sua morte. E para que o enterrassem em definitivo. Não adiantou. Vocês fingem que ele está vivo. E goza de boa saúde.

Sei que dói perder um parente tão próximo, embora alguns de vocês jamais o tenham tratado com carinho. Mas o *lead* viveu mais do que deveria. E se até as mulheres para engravidar já não precisam conhecer os pais dos futuros filhos, por que para escrever ainda precisamos conhecer a fórmula do *lead* e respeitá-la?

> *Para os leigos, informo que o* lead *é o primeiro parágrafo de uma notícia ou reportagem nas quais devem estar respondidas as seguintes perguntas: o que, quem, quando, onde, como e por quê. Exemplo de um:*
> *"O presidente Fernando Henrique Cardoso anunciou ontem durante reunião com seus ministros no Palácio do Planalto que a seus sucessores não deve ser garantido o direito à reeleição. 'Trabalhar neste palácio e morar por oito anos no Palácio da Alvorada é tempo demais até para uma pessoa disposta como eu a fazer qualquer sacrifício pelo país', admitiu o presidente."*
> *Desconstruindo o 'lead':*
> *Quem? O presidente Fernando Henrique Cardoso.*
> *O quê? Anunciou que não deve ser garantido a seus sucessores o direito à reeleição.*
> *Onde? No Palácio do Planalto durante reunião com seus ministros.*
> *Quando? Ontem.*
> *Por quê? Por achar que é tempo demasiado trabalhar no Palácio do Planalto e morar no Alvorada por oito anos.*
> *Em um* lead, *o "quem" pode ser respondido antes do "onde". Ou o "porquê" antes do "quê". Ou depois dele. Depende da importância maior ou menor de cada um. Nunca vi um 'lead' que destacasse primeiro o "quando". E implico com frases que o destacam. Só começaria uma frase que valorizasse o "quando" se fosse para anunciar o fim do mundo: "Ontem, o mundo acabou".*

O *lead* data de uma época em que era necessário uniformizar os textos dos jornais, separar informação de opinião e privilegiar a objetividade. Ele não foi inventado exatamente com esses propósitos, mas a eles serviu.

Conta Mar de Fontcuberta no livro *La Noticia – pistas para percebir el mundo*, que o *lead* derivou das dificuldades de comunicação dos jornalistas destacados para cobrir a Guerra da Secessão nos Estados Unidos no final do século XIX.

Eram muitos os jornalistas e poucas as linhas de telégrafo disponíveis para a transmissão de matérias. Os operadores de telégrafo então estabeleceram que cada jornalista poderia ditar um parágrafo, o mais importante de sua matéria.

Uma vez transmitido um único parágrafo de cada matéria, era transmitido o segundo de cada uma delas, e depois o terceiro, e assim por diante. Estaria aí, segundo Fontcuberta, a origem da fórmula de hierarquizar as informações, a tal da "pirâmide invertida". Ela apareceu por aqui em 1950, adotada pelo *Diário Carioca*.

Os textos se tornaram mais diretos, objetivos e limitados ao essencial. Mais parecidos uns com outros, enfim.

Pois digo: viva a diferença! Textos bem escritos não podem e não devem ser iguais. Nem parecidos. Se forem, não serão bons textos.

Informação e opinião devem permanecer separadas. Mas podem aparecer juntas em determinadas ocasiões desde que seja possível distinguir uma de outra.

Objetividade é preciso. O *lead* não pode estar no pé da matéria, por exemplo. Mas quase sempre ele está no título e nos subtítulos que muitos jornais utilizam para chamar a atenção dos leitores.

> *Título:* "FHC defende o fim da reeleição". *Subtítulo:* "Reunido com seus ministros, ele disse que o período de oito anos de governo é tempo demais".

Ponham o *lead* escrito na página anterior, embaixo desse título e do subtítulo. E me digam se o *lead* não deveria ter sido escrito de outro jeito. Primeiro, para evitar repetir o que está no título e no subtítulo. Segundo, para não irritar os leitores, que certamente souberam da notícia um dia antes.

Os mais jovens entre vocês talvez duvidem, mas lhes garanto que os jornais já foram a fonte primária de informação das pessoas. E não faz tanto tempo assim.

Tenho a fotografia de um café de Nova York no dia seguinte ao do assassinato do presidente John Kennedy em novembro de 1963. Em todas as mesas, havia pessoas lendo algum jornal.

De lá para cá, os jornais perderam espaço para os demais veículos de comunicação de massa. A tendência geral é de as pessoas procurarem cada vez mais na internet notícias em tempo real, quase sempre servidas em estado bruto. Mais tarde poderão vê-las na televisão. Ou na mesma hora caso sintonizem a CNN ou as acessem via internet. Por que pagarão caro para ler nos jornais o que já escutaram de véspera no rádio, leram na internet ou viram na televisão?

É claro que matar o *lead* convencional não evitará a morte dos jornais impressos. Mas a salvação dos jornais, tal como os conhecemos, não é o assunto deste livro. O assunto é o *lead*. Ou melhor: como começar um texto destinado a ser publicado em jornal. E a pior maneira é começá-lo com informações velhas.

O novo século foi inaugurado para valer em 11 de setembro de 2001 com o ato terrorista que derrubou as torres gêmeas de Nova York matando milhares de pessoas, atingiu o prédio do Pentágono em Washington, assustou o mundo e deflagrou a cruzada americana contra as chamadas "forças do mal".

Consultem as coleções dos jornais do dia seguinte, os daqui e os de fora. Quase todos publicaram como notícia principal o que era notícia velha para o mais isolado ermitão do Himalaia munido de um radinho de pilha. E a notícia na maioria deles não dispensou o emprego do *lead* convencional.

Se quisermos que o primeiro parágrafo de uma notícia continue atendendo pelo nome de *lead*, não brigarei por isso. Brigarei se teimarmos em redigi-lo do modo como o fazemos.

O *lead* é inimigo do prazer que a leitura de um texto pode proporcionar. Porque inibe a imaginação e a criatividade dos jornalistas. E estimula a preguiça. Se as pessoas gostam de ouvir ou de ler histórias, como contá-las e escrevê-las com graça e esmero, se formos servos do *lead*?

Por acaso vocês encontram um amigo na rua e vão logo lhe dizendo: "O presidente Fernando Henrique Cardoso anunciou ontem durante reunião com seus ministros no Palácio do Planalto que a seus sucessores não deve ser garantido..." etc. e tal? Se disserem, ele não os escutará. E ainda pensará que vocês enlouqueceram.

SOMENTE UMA BALA

Vocês têm só uma bala na agulha para capturar a atenção dos leitores: as primeiras linhas de um texto. Se elas não forem capazes de despertar interesse, tchau e bênção. O que vocês escreveram não terá servido para nada. Porque, salvo engano, vocês escrevem para serem lidos. Os jornais publicam notícias, reportagens, entrevistas e artigos para serem lidos. Se não são, algo está errado.

O erro pode estar na escolha dos assuntos. Ou na qualidade dos textos. Ou nas duas coisas. Os assuntos podem ser atraentes. Se oferecidos por meio de textos medíocres, não serão lidos. Os textos podem ser gramaticalmente corretos e contar uma história com começo, meio e fim. Se não forem instigantes, *bye*, *bye*, leitores.

Vejam como Gabriel García Márquez abriu *Cem Anos de Solidão*, seu romance mais famoso:

> Muitos anos depois, diante do pelotão de fuzilamento, o Coronel Aureliano Buendía havia de recordar aquela tarde remota em que seu pai o levou para conhecer o gelo.

Em três linhas, ele provoca a curiosidade do leitor pelo menos duas vezes. Quem não quer saber por que o coronel estava diante de um pelotão de fuzilamento? E como foi aquela tarde em que ele conheceu o gelo?

Vocês pensam que o autor começa a saciar a curiosidade do leitor na linha seguinte? Não. Na linha seguinte ele começa a descrever Macondo, uma aldeia de 20 casas de barro "construídas à margem de um rio de águas diáfanas". Depois fala da família de ciganos esfarrapados que todos os anos surpreendia os habitantes da aldeia com objetos que eles jamais tinham visto. E uma história remete a outra. E a outra. E, quando nos damos conta, já é tarde para escapar do realismo mágico de García Márquez. Só nos resta ir até o fim do livro. E lamentar quando ele acaba.

Lamentei quando acabei de ler a história de *Garabombo, o Invisível*, do peruano Manuel Scorza. Ela começa assim:

Então todos comprovaram que Garabombo era verdadeiramente invisível. Antigo, majestoso, interminável, ele avançou em direção à Guarda de Assalto que bloqueava a praça de Armas de Yanahuanca. Só os cães nervosos habitavam a fria solidão.

Quem não quer saber o que aconteceu depois? Só quem não gosta de ler.

O argentino Tomás Eloy Martinez é leitor compulsivo e domina como García Márquez e Scorza a técnica de fisgar o leitor com as primeiras linhas de uma história. Como me fisgou quando comecei a ler seu romance *Santa Evita*:

Ao acordar de um desmaio que durou mais de três dias, Evita teve por fim a certeza de que ia morrer. Já se haviam dissipado as atrozes agulhadas no ventre, e seu corpo estava de novo limpo, a sós consigo mesmo, numa beatitude sem tempo nem lugar. Só a ideia da morte é que não deixava de doer. O pior da morte não era que acontecesse. O pior da morte era a brancura, o vazio, a solidão do outro lado: o corpo fugindo como um cavalo a galope.

A certeza da morte próxima é explorada também pela cineasta holandesa Marleen Gorris no filme *A Excêntrica Família de Antônia*, vencedor do Oscar de melhor filme estrangeiro de 1995. A cena inicial mostra uma mulher em seu quarto de dormir. Sobre a imagem é projetado um texto capaz de despertar o interesse do mais entediado dos espectadores:

Antes de o sol nascer, Antônia sabia que seu fim se aproximava. E sabia que este seria seu último dia de vida. Não que estivesse mal. Mas Antônia sempre soube quando sua hora chegaria. Ela chamaria seus entes queridos, avisaria que iria morrer, fecharia os olhos e morreria. O fazendeiro Bas iria fazer seu caixão. Olga iria vesti-la como de costume discretamente. Não haveria o que temer. E sua bisneta não deixaria seu leito de morte já que iria querer saber como o milagre da morte levaria sua amada bisavó.

— Chegou a hora de morrer (observou Antônia diante do espelho do seu quarto).

Ela se levantou para viver seu último dia.

Antes que passe pela cabeça de vocês que *leads* criativos só são possíveis em livros ou filmes, seguem exemplos de alguns publicados em jornais e revistas daqui e lá de fora.

VEJA   JULHO DE 1969

Homem na Lua

Oito vezes Armstrong repetiu a lenta e dramática dança. De costas para a paisagem da noite lunar, com as mãos seguras na escada de sua águia metálica, procurava com os pés cada degrau da histórica descida. Então veio o último lance: às 23h56min de 20 de julho de 1969, Armstrong estendeu seu pé esquerdo, apalpou cuidadosamente o chão fino e poroso, pressionou-o depois com mais força e só então deixou-se ficar de pé na Lua. O grande e grotesco vulto branco, que horas antes decidiu antecipar o primeiro passeio de um homem na Lua – deveria ser às 3h16min da manhã de 21 de julho – emocionou-se: o astronauta Armstrong era, a partir daquele instante, Neil Armstrong, o primeiro homem a pisar na Lua.

Sua mão ainda se apoiou alguns instantes no Módulo já vazio de atmosfera. Depois, libertou-se totalmente e deu os primeiros passos. Na Terra, 1 bilhão e 200 milhões de pessoas, reunidas diante dos vídeos, segundo os cálculos da NASA, ficavam fascinadas pelo duplo milagre da descida e de suas imagens. Na Lua, um homem grande e forte experimentava, naquele instante, a sensação de pesar como uma criança: 15 quilos apenas. A Terra conquistava a Lua.

MANCHETE   JULHO DE 1976

A seca está de volta
Por Ricardo Noblat

Um dia, em janeiro passado, anunciada pelo pau d'arco que não floriu, pelo jabuti que não pôs, pelo pássaro joão-de-barro que fez sua casa com a porta virada para o nascente, a seca reapareceu no Nordeste e plantou-se em Irecê, na Bahia. Dali, espalhou-se pelo centro do estado: consumiu terras de Ibitiba, Ibipeba, Jussara, Brumado, Barra do Mendes e de mais 140 municípios. Com duas semanas, tomou Xique-Xique da influência do rio São Francisco.

Depois, saltou para o norte de Minas Gerais e apoderou-se de Janaúba, Espinosa, Mato Verde, Porteirinha, Várzea de Palma e de mais 35 cidades. Então retrocedeu, cortou o sul da Bahia e insinuou-se pelo sudeste do Piauí. Dormiu por muitas noites em São Raimundo Nonato. Acordou de outras tantas em São João do Piauí, Simplício Mendes, Paulistana, Jaicós e Picos, onde era aguardada pelo astrólogo popular João Feliciano da Silva Rego que, em dezembro do ano passado, no dia de Santa Luzia, fizera a experiência das três pedrinhas de sal e sentenciara para os incrédulos:

— A seca já está chegando.

Ela ocupou Afrânio, Parnamirim, Bodocó, Trindade e Salgueiro, no oeste de Pernambuco, e reduziu à metade o movimento comercial da rotineira feira de gado de Ouricuri. Foi vista chegando em dias de março no oeste do Rio Grande do Norte, onde permanece no Vale do Siridó, e no sudoeste do Ceará, na região dos Inhamuns, onde encontrou bom abrigo. Trilhou depois os caminhos sertanejos da Paraíba e estimulou agricultores a invadir três cidades. Alastrou-se em seguida pelo oeste de Alagoas e está agora crescendo lentamente no noroeste de Sergipe. Já engoliu até hoje 811 mil quilômetros quadrados de 763 municípios, 222 dos quais considerados irrecuperáveis em termos de produção agrícola. E atinge direta e indiretamente 12 milhões de pessoas.

Viajei cerca de quatro mil quilômetros durante duas semanas para fazer a reportagem que a revista Manchete *publicou em oito páginas. O que deu mais trabalho foi levantar as informações para começá-la da maneira como tinha imaginado. Antes mesmo de viajar, eu pensara na seca como uma mancha que se espalhava aos poucos pelo Nordeste, desfigurando a paisagem, destroçando a economia e flagelando as pessoas. Se fosse possível dizer onde ela surgira primeiro, para onde se deslocara em seguida e acompanhá-la em sua sina, eu conseguiria dar vida à ideia da mancha em progressão. Foi possível fazer isso graças aos técnicos que entrevistei na Superintendência do Desenvolvimento do Nordeste (Sudene), hoje extinta. Eles levaram dois dias para reunir as informações. Citei tantos nomes de cidades tragadas pela seca porque pensei que, ao fazê-lo, daria mais cor à história e mais credibilidade.*

CORREIO BRAZILIENSE   28 DE OUTUBRO DE 1995

O aniversário de Darcy Ribeiro
Por Conceição Freitas

O senador Darcy Ribeiro entende tanto de mulher quanto de índio e de povo brasileiro. Não importa se ela é casada ou solteira, burra ou articulada, linda ou mais ou menos – o professor elogia o decote, observa as pernas, chama de meu bem. Por isso foi possível reunir 47 mulheres de 25 a 73 anos, anteontem à noite, numa casa do Jardim Botânico, no Rio de Janeiro, para um galanteio coletivo ao professor.

A cantada comunitária começou com um coquetel, continuou nos discursos – "somos feministas, mas gostamos de assédio" – e terminou numa surpresa de damasco. A festa em comemoração aos 73 anos de Darcy foi uma aula de conquista amorosa, com os devidos cuidados para não ferir as duas ex-mulheres, dez ex-namoradas declaradas e 35 amigas.

A autora do texto sobre o aniversário de Darcy Ribeiro respeita ao pé da letra o que deveria ser o primeiro mandamento dos jornalistas: "Seduzirás o leitor com as primeiras linhas do teu texto. Senão ele te abandonará". Selecionei outras aberturas de matérias escritas por Conceição:

"Ela jamais ficou nua diante do marido, comprou o último vestido há 12 anos e até seis anos atrás nunca tinha tido televisão em casa."

"Dos homens que passaram pela vida de Maria da Conceição Pereira dos Santos, 35 anos, seis lhe fizeram filhos".

"Nildinha mora na Rua da Nildinha. Manoel Baiano vive na Rua Manoel Baiano. A família Garrincha ocupa toda a Rua dos Garrinchas."

"Antes de dar dois tiros na mulher, Rossiney procurou uma psicóloga".

CORREIO BRAZILIENSE   6 DE FEVEREIRO DE 1996

O Anjo da morte
Por José Rezende Jr.

28 de dezembro de 1991. Sábado à noite. O anjo da morte caminha pelas ruas do setor "O", Ceilândia. Quase um menino. Ele tem 15

anos, é muito magro, usa óculos e sofre do estômago. Leva uma Bíblia debaixo do braço.

Veste o paletó marrom: mais um motivo para que as casas se fechem de medo à medida que ele passa. Sempre que recebe a missão de avisar a alguém que a morte está próxima, Odelton escolhe o paletó marrom. "Não sou eu quem escolhe. É Deus", corrige em pensamento diante de portas e janelas fechadas.

O anjo da morte para diante da casa, uma das mais pobres da rua. Pede licença, entra. Há muitas pessoas na sala minúscula, quase todos evangélicos como ele – mas ainda assim pecadores. A dona da casa, a manicure Dalma, sua velha conhecida, segura um vidrinho de esmalte cor-de-rosa. Mas a atenção do anjo se fixa em outra mulher, uma que tem os pés de molho numa bacia com água. A mulher devolve o olhar por um segundo. Depois, abaixa a cabeça.

O anjo da morte avisa que traz uma mensagem. Ele conhece bem o remetente: Deus. Mas desta vez ignora o nome daquele que, entre todos os outros, é o destinatário do aviso dEle. Odelton abre a Bíblia, fecha os olhos e medita. Em seguida, olha nos olhos de cada um. E anuncia, com uma voz que já não pertence ao menino magro de 15 anos:

— Nosso senhor Jeová, o Deus de Israel, avisa: uma das vidas entre nós hoje morrerá. Mas, se houver arrependimento, o laço poderá se quebrar.

Como foi possível ao repórter contar, cinco anos depois e com tamanha riqueza de detalhes, a história de um rapaz de 15 anos que ele jamais conhecera? Simples: reconstituindo-a com a ajuda de dezenas de pessoas que testemunharam os fatos narrados depois pelo repórter. Se escolheu abrir a história com a cena da visita de Odelton à casa da manicure Dalma, o repórter tinha de dizer como ele a encontrou, o que Dalma fazia naquele instante, quem estava com ela etc. Se Dalma tivesse nas mãos um vidrinho de esmalte, revelar sua profissão reforçaria a verdade da cena descrita.

THE NEW YORK TIMES   28 DE JANEIRO DE 2001

Uma semana desconcertante para o homem por fora da moda

Por John Tierney

A Semana da Moda está terminando tarde demais para meu gosto. Sejam quais forem os triunfos que outros apreciaram na tenda do Bryant

Park, para mim foi uma semana que começou com ansiedade e terminou com uma cruel conclusão.

A ansiedade, é claro, foi em torno de como me vestir para o evento. Apesar de geralmente não ser considerado como um homem "na moda", eu acompanhei os desfiles do ano passado que ofereciam uma prévia desta estação. E na época estava claro como um homem dentro da moda estaria se vestindo hoje: com o aspecto do filme *O Clube da Luta*.

É possível, sim, escrever na primeira pessoa. O que não quer dizer que toda e qualquer matéria deva ser escrita na primeira pessoa. O emprego da primeira pessoa aproxima mais os leitores do autor da matéria. Estabelece certa cumplicidade entre eles.

USA TODAY   17 DE FEVEREIRO DE 2001

GLS – Bingo gay atrai de velhos a crianças na Filadélfia

Por Gregg Zoroya

Se o número chamado no bingo é B-7, todos sem exceção devem bater os pés até que as arquibancadas nesse lotado centro comunitário judaico estremeçam. Se o número chamado é o O-xx (o número contém uma insinuação sexual), todos têm de se levantar, jogar os braços para o alto e gritar "O-xx" como se sua libido dependesse disso. Os jovens e os velhos – e há muitos representantes de ambos os grupos aqui na noite de hoje – não escapam às "tarefas".

E cuidado para que as drag queens que percorrem o salão de patins não o apanhem dormindo. Elas o farão se levantar e gritar O-xx sozinho no meio do salão.

Na verdade, a advertência pode ser resumida a: cuidado com as drag queens.

Observem no segundo parágrafo como o autor da matéria se dirige diretamente aos leitores: "E cuidado (...) não o apanhem dormindo (...) Elas o farão se levantar (...)" Com isso, ele quis pô-los dentro da narrativa. Como se os leitores pudessem testemunhar o que ele testemunhou. O tom usado é de quem conta uma história para um amigo. Ele individualiza o leitor. Não se dirige a um grupo deles.

SAN FRANCISCO CHRONICLE   23 DE JANEIRO DE 2001

Como seu cérebro reconhece seu rosto
Por Keay Davidson

Em algum lugar dentro do cérebro, oculto por feixes de circuitos neurais e vasos sanguíneos pulsantes, se encontra o "eu" – aquele obscuro seja lá o que for que faz você se sentir como um ser humano consciente, ciente de si mesmo.

Por séculos, estudiosos têm debatido o que é o eu. Será uma entidade imaterial – digamos, um pequeno fantasma – que não pode ser explicado em termos biológicos, físicos ou químicos? Ou é uma coisa puramente material, capaz de gerar o senso de identidade de uma pessoa assim como um tubo de raios catódicos gera as imagens de televisão?

Agora – com uma pequena ajuda de Marilyn Monroe, da princesa Diana, Bill Clinton e Albert Einstein – os cientistas estão começando a analisar o maquinário neurológico que permite que alguém olhe no espelho e diga: "Este sou eu".

O autor da matéria poderia ter ido direto ao assunto: "Os cientistas da universidade tal (ou de tais universidades) estão empenhados em decifrar o que é o "eu". Para isso, analisam o comportamento de personalidades famosas como a princesa Diana, o presidente Bill Clinton e o cientista Albert Einstein".

Estaria correto começar o texto assim? Estaria. Mas o modo como ele começou foi mais inteligente e original.

THE BOSTON GLOBE   14 DE FEVEREIRO DE 2001

Abstinência sexual entre adolescente está ganhando novos adeptos
Por Nathan Cobb

A colegial Cambria Martinelli exibe no dedo anular da mão esquerda um "anel de pureza" dourado, com a forma de um coração com uma chave atravessando-o, que transmite uma mensagem para todos: sexo somente após o casamento. "Eu acho que será incrível algum dia torná-lo parte da minha cerimônia de casamento, na qual eu o entregaria ao meu marido", disse a garota de rabo de cavalo de 17 anos, com um sorriso largo enquanto exibia o dedo.

Enquanto isso, Cambria tem novo namorado. Eles estão saindo juntos há algumas semanas e ela explica que já o informou sobre sua castidade. "Eu deixei bem claro. Ele disse algo como: 'Ohhhhhhhh'. Mas ele sabe minha posição. Não é assunto para ser questionado".

Mas e se.., você sabe.., ele pressionar. E se ele... O sorriso de Cambria desaparece como uma gota de chuva no asfalto quente do verão. "Neste caso, teríamos que terminar", ela responde sem hesitação.

Ponham gente em suas matérias. Gente gosta de ler histórias de gente. Ponham odores, descrevam ambientes, apeguem-se a detalhes, reconstituam diálogos. Com essa preocupação, reescrevo a notícia sobre o que disse o presidente Fernando Henrique Cardoso a seus ministros a propósito do direito à reeleição:

"O ministro Pedro Malan, da Fazenda, ainda não havia se acomodado direito em sua cadeira, a primeira do lado esquerdo da mesa em formato de U, quando o presidente Fernando Henrique Cardoso deu início a seu desabafo: "Governar este país por oito anos é muito cansativo".

Quem ainda conversava baixinho com seu colega de lado calou-se e prestou atenção ao presidente. Estavam ali reunidos todos os ministros, à exceção do ministro Miguel Reale Jr., da Justiça, em viagem à Espanha. O presidente olhou para o ministro Paulo Renato, da Educação, sentado à sua direita e sorriu. Em seguida, encaixou: "O Paulo Renato discorda de mim. Ele gostaria de estar no meu lugar e não se queixaria se aqui fosse obrigado a permanecer mais de oito anos". Paulo Renato sorriu meio sem graça. Os demais ministros sorriram à vontade. O presidente serviu-se de um copo de água e retomou seu desabafo".

USA TODAY   15 DE FEVEREIRO DE 2001

Amor à primeira vista
Especialistas dizem que ele é real, poderoso e mágico
Por Karen S. Peterson

Palmas das mãos suadas. Palpitações. A sensação de que uma placa tectônica se moveu no coração. Provavelmente não se trata de um ataque cardíaco. Muito possivelmente, é amor à primeira vista. E, por mais que se façam piadas a respeito, ele não tem nada de engraçado.

TUDO POR UM SAQUE

Um saque. Vocês precisam de um muito bom se quiserem escrever qualquer matéria para ser lembrada depois. Quando nada, para ser lembrada por vocês mesmos.

Um saque é um estalo, um lampejo, uma solução que se encontra para alguma coisa. No caso, para se abrir uma matéria. Ou reestruturá-la. Ou concluí-la.

Uma boa sacada pode salvar uma história que não seja tão original assim, mas que mereça ser contada. É raro um assunto que reúna as duas coisas. Mas existe sempre um jeito novo de tratar um assunto.

Gostei do jeito que eu mesmo encontrei para apresentar Lavandeira, pequena cidade do sudeste do Tocantins que em setembro de 1996 se preparava para eleger seu primeiro prefeito. Era o menor colégio eleitoral do país, com 473 votos. Saquei na hora de escrever a matéria que Lavandeira era a cidade do "não tem". E assim a descrevi:

> *Lavandeira é o lugar do "não tem", como o são tantos outros lugares pobres e abandonados do interior mais remoto do país. Distante seis quilômetros, ao sul, de Combinado, um movimentado polo comercial do sudoeste do estado, e 18 quilômetros ao norte de Aurora, cidade com população quase dez vezes maior, Lavandeira não tem agência bancária, não tem escritório de qualquer órgão público estadual ou federal, não tem polícia, médico, padre, pastor, embora tenha duas pequenas igrejas, uma católica e outra evangélica.*
>
> *Os trocados que os moradores gastam com energia vão para os cofres da empresa de eletricidade do estado. É de graça a água que escorre diariamente das torneiras entre as 5h e as 13h e torna a escorrer das 14h às 20h. O lugar não contribui com um só real para a arrecadação de Aurora, que, de sua parte, dá emprego apenas a 15 cidadãos de Lavandeira, a maioria professores.*

SEM DEGRAUS

Pensem numa caixinha de lenços de papel. Quando vocês puxam um, o lenço seguinte fica no ponto de sair. O bom texto se parece com uma caixinha de lenços de papel. Quando vocês terminam de ler um parágrafo, ele os remete suavemente para o parágrafo seguinte.

Costurem, limem, burilem o final de cada parágrafo para que não haja degraus entre ele e o início do próximo. O bom texto flui sem surpresas nem sobressaltos como um rio perene em uma região plana.

CAPÍTULO V

Sobre tantas outras artes

LIÇÃO DE LUANDA

A primeira vez que desembarquei na capital de Angola, na terça-feira de carnaval de 1991, algumas coisas me chamaram a atenção de imediato. Uma delas foi a quantidade de grades de ferro nas portas das lojas. Elas serviam de defesa contra possíveis saqueadores.

Angola era então um país destroçado pela mais longa das guerras da segunda metade do século XX. E o que tinha o maior número de mutilados. O mundo a tudo assistia indiferente.

Outra coisa que me chamou a atenção em Luanda foi a inscrição que vi na fachada de algumas casas em bairros distantes do centro. Dizia simplesmente: "Dá-se explicação". Pensei na hora e comentei com amigos: "Que maravilha! Imaginem encontrar um lugar onde se dão explicações sobre qualquer assunto. Perguntem que tudo lhes será respondido!".

A realidade era mais simples. A inscrição significava apenas que naquelas casas moravam pessoas habilitadas a dar aulas particulares. De português, a língua oficial de um país com tantos dialetos, ou de qualquer outra matéria que fizesse parte do currículo das escolas primárias de Angola.

"Dá-se explicação". Isto nunca mais me saiu da memória. Se um dia pudesse fazer um jornal exatamente da maneira como imagino, na altura do cabeçalho, ao lado do título, escreveria: "Dá-se explicação".

Sei que os leitores querem encontrar notícias novas nos jornais, das quais eles ainda não tenham ouvido falar. Mas sei também que esperam receber explicações competentes sobre tudo que de importante aconteceu ou está acontecendo.

Explicar o mundo, contar o que está por trás das notícias, relacionar fatos, tentar a partir disso antecipar o que pode vir a suceder: é o que os jornais deveriam fazer diariamente.

As pessoas recebem uma carga brutal de informações. Mas estas lhes desabam sobre a cabeça sem antes ter sido devidamente trabalhadas. Ter muita informação é diferente de ser bem informado. Informação em excesso desinforma.

É aqui que entram os jornais. Eles deveriam saber separar o que é relevante do que não é, o que tem consistência daquilo que é só barulho ou espuma. E aprofundar o que for consistente. E dar coerência ao que parece não fazer sentido.

Essa, pois, é a maior vantagem competitiva dos jornais diante da televisão, do rádio e da internet. É uma pena que eles façam pouco uso dela.

O SEGREDO DO TOSTINES

Tostines é fresquinho porque vende mais ou vende mais porque é fresquinho?

A pergunta serve para ilustrar o dilema dos jornalistas diante de fatos que exigem interpretação para serem mais bem compreendidos. E que podem ser interpretados de um ou mais ângulos.

No passado, os jornais podiam dar-se ao luxo de apenas publicar notícias. Eram donos do pedaço. Agora, não. A explicação competente das notícias é uma saída para os jornais. Embora não seja a única.

É tênue a fronteira que separa o jornalismo de interpretação do jornalismo de opinião. Mas ela existe. E deve ser respeitada. A opinião do jornalista sobre um fato nada importa se o que lhe cabe é interpretá-lo. Lugar de opinião é em artigo, que o jornalista também pode assinar. Ou nos editoriais que expressam a opinião do dono do jornal.

Vamos a um exemplo. O Brasil estreou na Copa do Mundo de 2002 vencendo a Turquia por 2 a 1. Zagallo, ex-técnico da seleção, escreveu o seguinte a propósito do jogo:

O jornal argentino *Olé* tenta ridicularizar o Brasil de toda maneira. Vai debochar de novo, dizendo que só vencemos graças ao juiz. Realmente, não houve pênalti, mas é melhor ganhar com os pés do que com as mãos, como naquele gol do Maradona em 1986.

(...) O Brasil ainda não conseguiu se definir por um sistema. Estamos meio confusos.

(...) Apostei que Ronaldo se destacaria e acertei. Ele precisava desse gol.

O que escreveu Zagallo foi um artigo. Ele deu sua opinião a respeito do jogo. Valeu-se, para isso, de elementos de análise e de interpretação. Mas tais elementos serviram unicamente para sustentar seus pontos de vista.

O jornal espanhol *El País* publicou extensa matéria sobre o mesmo assunto. A certa altura, depois de ter descrito os principais lances do jogo, o repórter escreveu:

O Brasil sempre joga duas partidas. Uma contra seu rival do momento; a outra contra a memória de suas grandes equipes. Por isso, o nível de exigência é superior ao de qualquer outra seleção. Olhando-se bem, frente à Turquia a seleção brasileira foi a protagonista constante no jogo e teve um bom número de oportunidades de fazer gols. Mas isso não foi suficiente. A história cobra dos brasileiros algo parecido com a perfeição.

Aí não temos opinião. Temos interpretação. O autor da matéria não se limitou a descrever o jogo. Sublinhou a superioridade da seleção brasileira "que foi a protagonista constante (...) e teve um bom número de oportunidades de fazer gols". Mas destacou que do Brasil sempre se cobra algo próximo da perfeição devido à sua trajetória nas Copas e ao número de títulos conquistados. Por isso, ele joga duas partidas quando está em campo: contra seu eventual adversário e contra seu passado de glórias.

Interpretar é explicar. Para explicar, estabeleço conexões entre fatos presentes e passados. Ao fazê-lo, posso por vezes tentar antecipar o futuro.

O JORNAL DE AMANHÃ

Por favor, não me contem o que já sei. Topo ler o que já sei se vocês acrescentarem informações que desconheço ou se me explicarem o que não entendi direito. Até topo ler sobre o que já sei se vocês tentarem antecipar o que está por vir. Mas só nestes casos.

As seções de horóscopo dos jornais não fazem tanto sucesso? Quantas pessoas não consultam cartomantes, videntes e toda sorte de gente que se diz apta a adivinhar o futuro? Não acredito nesse tipo de gente. Mas acredito que o sonho de todo mundo é ler hoje o jornal de amanhã. E acredito na possibilidade de profissionais competentes anteciparem fatos.

Jornalismo de antecipação não é exercício de adivinhação. Nada tem a ver com uma aposta cega que se ganha ou se perde. Nem depende de sorte para dar certo. Ele exige uma equipe qualificada e experiente de jornalistas, boas fontes de informação, capacidade de análise e certa dose de ousadia.

Alguns meses antes de os Estados Unidos invadirem o Iraque no início dos anos 90, a revista *Time* publicou extensa reportagem sobre o Oriente Médio. E previu que o Iraque poderia invadir o Kuwait. E que os Estados Unidos retaliariam invadindo o Iraque.

Foi o que aconteceu.

Por que os jornalistas da *Time* puderam antecipar a eclosão da Guerra do Golfo? Primeiro porque estavam atentos à situação politicamente explosiva do Oriente Médio. Segundo porque reuniram informações confiáveis que os levaram a concluir que havia uma guerra em gestação. Terceiro porque não tiveram medo de publicar o que apuraram.

O medo de errar impede muitos acertos.

A revista inglesa *The Economist* não tem medo de investir no jornalismo de antecipação. Ela acerta mais do que erra. Mas em suas edições de fim de ano faz questão de listar com bom humor os erros de previsão que cometeu.

No Brasil, mas não só aqui, os jornalistas sabem bem mais coisas do que publicam. Ousamos pouco. E os donos da mídia, por conservadores, temem que ousemos.

A candidatura de Roseana Sarney à Presidência da República acabou quando jornais e emissoras de televisão expuseram durante dias seguidos a fotografia de toda aquela dinheirama encontrada na sede da empresa Lunus, em São Luiz do Maranhão. A empresa era de Roseana e de seu marido.

O índice de intenções de voto em Roseana começou a cair ali. E continuou caindo à medida que o casal e seus porta-vozes ofereciam explicações contraditórias para o fato de haver tanto dinheiro na sede da Lunus –1,3 milhão de reais.

Se ainda havia dúvidas de que a candidatura acabara, elas foram sepultadas quando o marido de Roseana confessou que o dinheiro apreendido pela Polícia Federal fora arrecadado ilegalmente para pagar despesas de campanha. O país assistiu ao vivo pela televisão à confissão de um crime! Mesmo assim, a mídia só disse que a candidatura de Roseana chegara ao fim depois de ela mesmo fazê-lo em entrevista coletiva.

Os jornalistas que cobrem política em Brasília, pelo menos eles, sabiam disso havia mais tempo. Mas não cravaram. Como não cravaram que o PFL deixaria o governo solidário com Roseana. Simplesmente, não acreditaram nas informações que tinham. Ou melhor: não quiserem acreditar.

CONTEM OUTRA

Nada me diverte mais do que ler antes da meia-noite as manchetes dos jornais brasileiros do dia seguinte. Há diversas agências de notícias que as antecipam. A maioria delas me conta o que já sei. O que soube durante o dia pelo rádio, televisão e internet.

Os redatores das manchetes, ou aqueles que os orientam, nem sequer se dão ao trabalho de contar de modo diferente o que já sei. O que os leitores do dia seguinte já sabem. Se o preço do dólar sobe e as bolsas caem, os jornais publicam: "Dólar sobe e bolsas caem". Se o Banco Central intervém para interromper a subida do preço do dólar, os jornais estampam: "BC intervém para segurar preço do dólar". Se Israel retoma cidades palestinas em resposta a mais um atentado terrorista, os jornais informam: "Israel ocupa cidades palestinas". Se o Brasil é pentacampeão do mundo, o máximo de ousadia que os jornais se permitem é dizer o que disse um deles: "O dia mais feliz do século". Como classificar o dia em que o Brasil for campeão pela sexta vez?

Manchetes de capa e de páginas internas devem ater-se ao factual, ser diretas e objetivas se forem capazes de surpreender os leitores com informações que eles desconheçam. Caso contrário, devem ser antes de tudo criativas, provocadoras, reflexivas. Elas estão ali para estimular a leitura das matérias. Se não cumprem a missão, para nada servem.

Quando o presidente Fernando Henrique Cardoso viajou à Europa, em maio de 2002, seu cargo foi ocupado pelo presidente do Supremo Tribunal Federal, o ministro Marco Aurélio de Mello. O ministro era um feroz crítico do governo. Tão logo Fernando Henrique embarcou, o ministro garantiu aos jornalistas que não criaria surpresas na sua curta interinidade de sete dias como presidente da República. A manchete de um jornal paulista a propósito disto foi: "Marco Aurélio chega ao Planalto 'sem surpresas'".

Quem se sente estimulado a ler uma notícia encabeçada por uma manchete que, em outras palavras, quer dizer o seguinte: "Nada há de atraente no que vocês lerão em seguida"?

A edição do jornal daquele dia estava particularmente *brilhante* quanto às manchetes. Para anunciar o jogo do Corinthians contra o Brasiliense pela Copa do Brasil, o jornal deu a seguinte manchete na capa do seu caderno de Esportes: "Corinthians preparado para o sufoco em Brasília".

Só faltava não estar. Se não estivesse, aí, sim, haveria notícia.

Para os leitores paulistas, que pouco tinham ouvido falar do futebol de Brasília, estava no pé da página a notícia de onde o jornal poderia ter extraído a manchete: "Dia de treino no Brasiliense. Dia de lavar o carro". Na véspera do jogo, jogadores do modesto Brasiliense lavaram os próprios carros antes de irem treinar.

CRIME DE ESTELIONATO

Por criativos e provocadores, não pensem em títulos que "esquentem" as matérias. Títulos "quentes" são os que exageram e "vendem" o que a notícia não entrega. Para títulos assim, invoque-se o 171. Também há matérias que se enquadram no 171. O artigo 171 do Código Penal brasileiro tipifica o crime de estelionato. Estelionato é fraude. É vender uma coisa e entregar outra.

Quantos títulos não passam uma falsa concepção da notícia que encabeçam? São, pois, títulos fraudulentos. Podem até estimular a leitura da notícia. Mas enganam os leitores porque eles não encontram na notícia o que o título lhes prometeu.

Essa é uma das queixas mais corriqueiras dos leitores de jornais. E de pessoas que são objeto de notícias. Títulos e notícias 171 desacreditam os jornais e afugentam os leitores.

PAPEL? QUE PAPEL?

Só para continuar minha campanha por melhores títulos.

Mais um de outro jornal paulista: "Jugman elogia o MST ao deixar o ministério". O título foi publicado no final de abril de 2002. Jugman era Raul Jugman, que saiu do ministério da Reforma Agrária para ser candidato a deputado em Pernambuco. Ele e o Movimento dos Sem-Terra (MST) viviam às turras. Um elogio de Jugman ao MST era no mínimo curioso.

Pois bem: a notícia não registrou o elogio do ex-ministro ao MST. A não ser que, por elogio, pudesse ser tomada a frase que dizia: "O MST tem seu papel".

Que papel? Um papel ruim ou bom? O ex-ministro não disse qual. Se disse, o autor da notícia se esqueceu de a revelar aos leitores.

Mas o autor da notícia considerou a frase um elogio. E o autor do título acreditou no colega e classificou como elogio uma frase sem significado algum.

PARA VENDER MAIS

Foi estelionato puro a manchete de capa do *Correio Braziliense* de 7 de abril de 2002: "Governo quer votar 20 medidas provisórias sem o apoio do PFL". Nem na capa nem na matéria publicada em página interna havia uma única informação, nem mesmo a declaração de um humilde funcionário do governo, capaz de sustentar a manchete.

A notícia dizia que o governo decidira votar no Congresso 20 medidas provisórias apesar da hesitação do PFL em aprová-las. E que o governo calculava ter votos suficientes para aprová-las com ou sem ajuda do PFL.

O autor da manchete da capa "vendeu" a decisão do governo como um ato de quem dispensava o apoio do PFL. O governo não queria votar as medidas sem o apoio do PFL. Queria votá-las apesar da indecisão do PFL.

E por que o autor da manchete da capa "vendeu" assim a decisão do governo? Porque, "vendida" assim, a notícia atrairia mais leitura. E talvez vendesse mais exemplares do jornal.

Estelionato contra o leitor deveria mandar jornalista para a cadeia. Ou para o desemprego.

"PODE" NÃO É NADA

"Pode" em títulos não pode, alertou o jornalista Luiz Garcia em artigo publicado no jornal *O Globo*.

Esqueçam o verbo poder em títulos principais ou secundários. Também o esqueçam ao redigir certas notícias. Infelizmente, ele não pode ser abolido de todas.

Os títulos dos jornais estão repletos de "pode". O governo "pode" baixar uma medida provisória; os Estados Unidos "podem" atacar quem quiserem sem avisar; o Brasil "pode" ir para o brejo se Lula for eleito presidente da República.

"Pode" não é nada, meus caros. Como escrever que "há 50% de chances" de algo acontecer também não é nada.

Eu "posso" assassinar o redator que infiltre um "pode" em título. Mas também "posso" não fazê-lo.

É provável que os Estados Unidos tentem invadir o Iraque uma vez mais? Se tenho informações que me levam a acreditar nisso, escrevo que é provável, sim. E digo que é provável por estas e aquelas razões. E dou um jeito de não usar "provável" no título da matéria.

A crise econômica brasileira corre risco de agravar-se caso Lula derrote o candidato do governo? Se corre, escrevo que ela corre, sim. E digo por quê. Ou então escrevo que não, que isso não passa de terrorismo do mercado financeiro e dos que apoiam o candidato do governo para enfraquecer a candidatura de Lula.

Mas atenção: não confundam o que pode ou o que não pode acontecer com o que vocês desejariam que acontecesse ou não acontecesse. Jornalistas cometem erros clamorosos por desrespeitar regra tão elementar. Já disse isso antes, embora não custe repetir.

ABAIXO O PONTO DE INTERROGAÇÃO

Implico com o uso do ponto de interrogação em textos e principalmente em títulos.

Na primeira semana de junho de 2002, uma revista semanal trouxe na capa um enorme ponto de interrogação e, em cima dele, o título "O Brasil pode virar uma Argentina". Li a reportagem sem entusiasmo algum. O ponto de interrogação me deu a certeza de que, ao fim da leitura, ficaria sem saber se o Brasil poderia ou não virar uma Argentina sufocada pela mais grave crise econômica de sua história.

Foi o que aconteceu. A reportagem mostrou o que aproximava e o que separava a situação vivida pelos dois países, ouviu um monte de especialistas no assunto e, por fim, me deixou a impressão de que o Brasil não estava destinado a virar uma nova Argentina. Mas que poderia virar, sim. Ou seja: fiquei na mesma. Talvez um pouco mais bem informado sobre o assunto. Nada mais que isso.

Matéria que interroga não esclarece. Frustra. Esperava ter lido uma que me dissesse por que o Brasil iria virar uma Argentina. Ou por que não viraria. Se não fosse possível àquela altura afirmar nem uma coisa nem outra, que me dissessem claramente.

O ponto de interrogação nada sugere. Ou melhor: sugere que a matéria à qual ele corresponde não eliminará as dúvidas que possa haver a respeito do tema.

> *Reza a lenda que Joseph Pulitzer, dono e editor do jornal* New York World *no início do século passado, perdeu a calma diante da leitura de uma reportagem pouco esclarecedora e chamou seu autor para uma conversa. Disse-lhe de cara:*
> *— O senhor é pago para imprimir respostas. Não para publicar perguntas.*
> *A reportagem que tirou Pulitzer do sério continha mais dúvidas do que certezas.*

ADEUS, ARGENTINA!

Sou a favor de que se recupere o ponto de exclamação escorraçado dos títulos. E até mesmo dos textos.

A vitória da Bélgica sobre a Argentina na Copa do Mundo de 2002 não foi algo que comemoramos? Por que não expressá-lo com ponto de exclamação? Por que não devo acrescentar um ponto de exclamação depois de ter escrito "Obrigado, Bélgica"?

"Obrigado, Bélgica!"

Jornais e jornalistas devem estar sintonizados com o sentimento coletivo. Nem sempre devem curvar-se a ele. Mas não podem deixar de percebê-lo. Nem deixar-se contaminar por ele.

Se o presidente do Uruguai acusa os políticos argentinos de ladrões e depois visita Buenos Aires, chora diante das câmeras de televisão e pede desculpas, por que não usar um destes títulos sobre a fotografia em que ele aparece chorando: "Vexame!", "Vergonha!" ou até mesmo "Que papelão!"?

Tais títulos emitem juízo de valor, dirão os partidários da neutralidade jornalística. E por isto seriam impróprios. Quanta hipocrisia! Jornal nem sempre é neutro. Vou além: jornal jamais é neutro, nem mesmo quando tenta fingir que é. O ato de publicar uma notícia e de desprezar outra é tudo menos um ato neutro. Nada tem de neutro o ato de destacar uma notícia e de resumir outra em poucas linhas.

Tenho três filhos adolescentes. E não consigo ser imparcial quando tento resolver uma diferença entre eles. Algumas vezes pendo para o lado do que me parece mais frágil naquele momento. Outras vezes para o lado de quem me parece ter razão. Cedo mais às vontades de Sofia do que às de André e Gustavo. Por que não posso então taxar de vexame o episódio estrelado pelo presidente do Uruguai? Se ele me pareceu, de fato, vexaminoso, devo dizê-lo com todas as letras.

A VIDA COMO ELA É

Os jornais têm medo de apresentar os fatos como eles são. Assim procedem por incompetência, conservadorismo ou ideologia.

O presidente da Venezuela Hugo Chávez foi derrubado por um golpe de Estado na noite de uma sexta-feira e devolvido ao poder na madrugada do domingo seguinte. A TV Globo cobriu todos os lances do golpe e do contragolpe. A CNN, também.

Goste-se dele ou não, a volta de Chávez ao poder representou uma vitória da democracia. A maioria dos governos no mundo pressionou os militares e empresários golpistas para que devolvessem o poder a Chávez.

Em vez de ressaltar a vitória da democracia na Venezuela, a manchete dos jornais brasileiros exibiu na segunda-feira seguinte ao contragolpe a notícia velha de que Chávez estava de volta ao poder.

Li no jornal espanhol *El País*, no início de maio de 2002, o perfil do presidente francês Jacques Chirac escrito pelo jornalista Octavi Martí. Chirac acabara de ser reeleito.

O texto de Martí começava assim:

> A solidão do poder. Eles, os homens poderosos, sempre querem reafirmar que estão sozinhos. Pedem nossa piedade e admiração diante da terrível responsabilidade de ter de tomar decisões relacionadas a milhares ou milhões de pessoas. Jacques Chirac sabe dessa solidão. Mas a dele é diferente. É a solidão de um chefe de gangue cuja especialidade é ser chefe e renovar constantemente a gangue.

Em seguida, Martí conta a trajetória política de Chirac e alinha todos os fatos que sustentam a afirmação feita na abertura do texto – a de que ele é um chefe de gangue sempre ocupado em renovar a gangue.

Que destino teria um texto desses escrito por um jornalista brasileiro a propósito do então presidente Fernando Collor de Melo? A lata de lixo, certamente. Queremos vender mais jornais. Mas sem contar a vida como ela é.

COMBINEM O JOGO

— Por que você escolheu ser jornalista?, perguntei há dois anos a uma estagiária.

— Porque é uma profissão sem rotina, ela respondeu.

Nada mais ilusório. Jornalismo, como qualquer outra profissão, tem rotinas. E ai dele se não tivesse. Sem regras, nada funciona. Muito menos uma redação. Nela trabalhamos sujeitos a surpresas constantes. Justamente por isso é preciso respeitar normas, ter métodos e padrões de comportamento definidos.

Quando sai às pressas para atender um chamado, o bombeiro também não sabe ao certo o que encontrará pela frente. Mas sabe como agir diante de todo tipo de sinistro. E obedece uma rotina.

Combinem o jogo com seus chefes e colegas de trabalho. Acertem tudo nos mínimos detalhes. E comuniquem-se durante todo o tempo.

Repórter que sai atrás de uma notícia e volta com ela na hora marcada é mau repórter. Repórter bom é o que sai atrás de uma notícia e troca telefonemas com seu chefe a respeito da apuração, do número de linhas que sua matéria terá e do modo como imagina escrevê-la.

"Quem se desloca recebe. Quem pede tem preferência", ensinou Gentil Cardoso em meados do século passado. Cardoso foi treinador de times de futebol.

A lição vale também para repórteres. Se estiver sempre em contato com a redação, se esta sempre souber como me localizar, serei acionado com regularidade. E terei mais chance de fazer melhores matérias.

Se orientar o fotógrafo que me acompanha em uma reportagem, se municiar a editoria de arte com informações que lhe facilitarão a vida, terei sempre a preferência dos profissionais dessas áreas. E as matérias que eu produzir ganharão melhor tratamento.

De pouco adianta dizer a um fotógrafo: "Preciso de uma foto da atriz Patrícia Pillar". Precisa, como? Para que tipo de matéria? Como Patrícia será citada? Se eu não combinar tudo com o fotógrafo, o texto poderá ir para um lado e a fotografia para o outro. Nada é mais comum do que isso.

Nada é mais comum também do que um repórter se matar para apurar uma matéria, retornar à redação pensando em escrever noventa linhas e ouvir do seu chefe que só haverá espaço para trinta. E por que isto é tão comum? Porque o repórter e seu chefe se esqueceram de combinar o jogo antes. Ou no decorrer do dia.

PERIGOS À VISTA

Há armadilhas de sobra no caminho do jornalista. Listo algumas sem a preocupação de fazê-lo por ordem de importância. E muito menos de esgotar o assunto.

Sentir-se poderoso

Poucos escapam dessa armadilha. Por circularem na companhia de figuras públicas, frequentarem ambientes onde são tomadas decisões e publicarem o que viram ou ouviram falar de importante, jornalistas imaginam que têm poder ou que fazem parte do poder.

Têm poder até o momento em que são despedidos. Fazem parte do poder se concordam em servir aos que de fato o detêm. Os donos de jornal e dos demais meios de comunicação, estes sim, são poderosos. Porque não podem ser despedidos – no máximo, quebram. E porque a mídia é cada vez mais poderosa no mundo.

Sem ela não se governa. Sem ela não se ganham guerras. Sem ela não se fazem negócios.

O poder do jornalista é relativo, ocasional e temporário. Nunca me encantei com o poder. Mas pensei que tivesse adquirido algum quando me tornei titular em 1989 da coluna diária "Coisas da Política", no *Jornal do Brasil*. Nos dois anos anteriores, havia sido o interino da "Coluna do Castelo", escrita pelo jornalista Carlos Castelo Branco, o Castelinho.

O presidente do jornal, Manoel Francisco do Nascimento Brito, me dissera mais de uma vez que um dia eu sucederia Castelinho porque o colunista sofria de câncer e precisava aposentar-se para enfrentar a doença.

Escrevi a coluna "Coisas da Política" com ampla liberdade, contando tudo que conseguia apurar e dizendo tudo que achava que devia dizer. Aquele foi o ano da sucessão do presidente José Sarney. E do surgimento do fenômeno eleitoral chamado Fernando Collor de Melo.

Bati forte em Collor porque sabia que ele era uma farsa. Como de resto o sabia a maioria dos jornalistas que cobriam política no eixo Brasília – Rio – São Paulo. A coluna se tornou o espaço mais lido das páginas de política do jornal. Mas nem isto impediu que eu acabasse demitido por telefone cinco dias depois da eleição de Collor. Jamais me disseram por que fui demitido. Como colunista político, tive um funeral de luxo.

Recebi telefonemas de solidariedade do presidente Sarney, de ministros de Estado, do deputado Ulysses Guimarães, presidente do PMDB, de Lula, do então governador Leonel Brizola e de empresários de peso. Colegas assinaram manifestos em protesto contra minha demissão. Soube que leitores antigos do jornal cancelaram sua assinatura.

Brizola me enviou um emissário com o convite para ser candidato do PDT a deputado federal pelo Rio de Janeiro. Agradeci, mas não aceitei. Fui paraninfo de turmas de jornalismo em universidades do Rio e de Brasília.

Uma editora carioca reuniu as colunas que escrevi e publicou-as com o título de *O Céu dos Favoritos*. O lançamento do livro, no Rio, provocou engarrafamento de trânsito. Autografei cerca de 800 exemplares. Compareceram todos os candidatos ao governo do Rio nas eleições do ano seguinte, escritores conhecidos como Antônio Callado, Millôr Fernandes, Roberto Campos e Barbosa Lima Sobrinho, alguns generais da reserva, muitos estudantes e donas de casa, e até a cantora Eliana Pitman.

Passou por lá um tal de Bussunda. Pelo menos foi esse o nome que ele me deu quando autografei seu exemplar do livro. Desconfio até hoje que escrevi errado o nome dele na hora do autógrafo.

Nenhum jornal ou revista me ofereceu emprego depois que fui demitido. Passei os três anos seguintes como funcionário da Propeg, agência de publicidade baiana onde tinha amigos. No Natal de 1990, o único cartão de Boas Festas que recebi tinha a assinatura do deputado federal Osvaldo Coelho, do PFL de Pernambuco. Acompanhou o cartão um doce melão colhido às margens do rio São Francisco, na fronteira de Pernambuco com a Bahia.

Aceitar presentes, convites e favores

Viajei três vezes a convite da General Motors (GM) para lançamento de carros no exterior. Nunca escrevi sobre carros ou sobre a indústria automobilística. Nunca orientei nenhum repórter para que escrevesse desta ou daquela forma sobre o que pudesse interessar à GM. Aceitei os convites porque me tornei amigo de alguns diretores da empresa. E porque sempre gostei de carros embora pouco entenda deles. De resto, viajar para o exterior com tudo pago e sem ter de conceder nada em troca não me pareceu um pecado mortal. Mas fiquei muito constrangido quando a terceira viagem a convite da GM virou matéria na revista *Veja* com o título de "Boca livre em Paris". Éramos trinta jornalistas convidados para o lançamento do novo modelo do Vectra produzido na Europa. Somente o meu nome e o de dois colegas foram citados na matéria.

Nunca mais viajei a convite da GM. Viajei a convite de governos estrangeiros.

A maioria das empresas jornalísticas não definiu ainda uma política sobre presentes, convites e favores que seus jornalistas devam ou possam aceitar. Sugiro que só aceitem os que não comprometam a obrigação de exercer o jornalismo crítico, livre e, se necessário, impiedoso. E também só os que não possam ser usados depois para produzir danos à imagem de vocês.

Conheço jornalistas que se sentem inibidos em escrever sobre o ex-senador Antonio Carlos Magalhães apenas porque aceitaram convite dele para um fim de semana em Salvador. Viajaram com passagens pagas pelas empresas jornalísticas. Mas se hospedaram na casa do ex-senador na ilha de Itaparica. Sua inibição decorre de que Antonio Carlos não teria o menor escrúpulo em usar contra eles o fato de tê-los hospedado um dia.

Tornar-se amigo de fontes de informação

Desde 1968 sou amigo de Fernando Lyra, ex-deputado federal por Pernambuco e ministro da Justiça do governo do presidente José Sarney. Nesse ano, quando era deputado estadual do então MDB, Fernando montou em Recife um semanário chamado *Edição Extra*, para o qual trabalhei como repórter.

Saí de Recife em 1978. Mas nunca perdi contato com Fernando. É uma pessoa leal, correta, bem-humorada e foi um político decente e corajoso. Fez oposição ao regime militar de 1964. E coordenou a campanha de Tancredo Neves a presidente da República. Saiu da política em meados dos anos 90. Quando casei em 1985, já em Brasília, convidei-o para padrinho. Em três ocasiões, antes e depois do casamento, eu e Fernando ficamos mais de ano sem nos falar porque ele não perdoava algumas notícias que publiquei a respeito dele na revista *Veja* e depois no *Jornal do Brasil*.

Não dá certo fazer amizade com fontes de informação. Principalmente com aquelas sobre as quais vocês poderão ter de escrever um dia. Elas imaginam que vocês as pouparão por serem amigos. E, se não forem poupadas, se sentirão traídas e acumularão mágoas.

Sei que parecerá cruel, mas digo que jornalista deve ser uma pessoa de poucos amigos. Salvo se for frio o suficiente para não incomodar-se com a situação de um amigo que tornou infeliz.

Achar que já sabe tudo

Desse perigo, creio que vocês ainda estão livres. Quando nada, pela pouca idade. Mas nunca se sabe. Os perigos que apontei até aqui são graves embora nem de longe se comparem ao que é pai e mãe de todos os perigos – o de achar que já sabe tudo, que em tudo dará um jeito e que está condenado ao sucesso. Quando já não é um sucesso.

A esse perigo estão sempre expostos jornalistas experientes e jovens e arrogantes jornalistas. O mais inteligente é achar que tudo que sabem é que nada sabem. Porque os truques que aprenderam para apurar informações e redigir notícias podem ter funcionado bem até hoje, mas poderão começar a falhar a partir de amanhã. Os conhecimentos que acumularam lhes permitem escrever sobre vários assuntos com certa desenvoltura, mas já não lhes servirão em breve porque estão sendo atualizados a jato e vocês viajam de monomotor.

De todo modo, tentem compensar o prejuízo lendo muito, lendo sempre, e ampliando seus conhecimentos de todas as formas possíveis. Cerquem-se de jovens com talento e disposição para quebrar regras estabelecidas e ouçam o que têm a dizer. Ouçam-nos de verdade. E deixem que quebrem a maioria das regras.

Se o resultado não for de todo bom, consertem os estragos. Mas estimulem-nos a seguir em frente ultrapassando limites que vocês jamais ousaram ultrapassar. Porque, na verdade, só lhes resta aprender com eles.

CAPÍTULO VI

Em louvor de Frei Damião
(bastidores de uma reportagem)

Valei-me, meu padim Frei Damião. Cá estou há quase três horas diante do seu corpo inchado que jaz dentro de um caixão de mogno escuro sem nenhum adereço, frente a frente com meia dúzia de contritos religiosos capuchinhos que rezam sem cessar o Pai Nosso, a Ave-Maria e o Creio em Deus Pai, e neste espaço quase vazio da imponente Basílica de Nossa Senhora da Penha simplesmente nada acontece, meu santo, nada que até este exato instante valha sem favor uma nota de pé de página, nada que justifique minha viagem apressada de Brasília até Recife, nada que remotamente desperte a esperança no coração aflito do repórter de que, vencidas mais algumas horas de vigília, poderei, em paz, abandonar este local que recende a vela e incenso, caminhar apressado sobre as pedras irregulares do estreito Pátio do Livramento, refugiar-me numa modesta sala do prédio do Diário de Pernambuco a não mais do que dois quilômetros da basílica e, uma vez nela instalado, escrever e despachar para a sede distante do jornal o relato mais crível possível, o mais comovente, sem que, no entanto, resvale para a pieguice, sobre o dia em que os crentes nordestinos de todas as cores, idades e condições sociais, devedores da piedosa intercessão de um santo homem com as mais excelsas autoridades do Universo, choraram a perda e acompanharam inconformados o enterro do religioso italiano Frei Damião de Bozzano, o frade de uma só palavra e de uma palavra só, que por mais de 50 anos a repetiu em todos os quadrantes do território onde o Senhor lhe concedeu a graça de pregar, e operou prodígios que os mais devotos entre os devotos guardam na memória como milagres inquestionáveis.

Dá para brincar com o texto. Pelo menos em livro, dá para brincar, sim. O da página anterior contraria todas as regrinhas que um texto jornalístico deve respeitar – frases curtas, concisão, simplicidade, objetividade, ojeriza a adjetivos e a repetição de palavras. Jornalismo não é literatura. O que não quer dizer que o texto jornalístico tenha de ser desprovido de valor estético.

Notícia é o relato mais curto de um fato. Reportagem é o relato mais circunstanciado. Para escrever a notícia sobre o primeiro dia do velório de Frei Damião, dei plantão na Basílica da Penha e na praça defronte das 23h30min do dia 31 de maio até as 16h do dia seguinte. Para fazer a reportagem, acompanhei Frei Damião durante uma semana em visita a cidades do interior de Pernambuco, Paraíba e Alagoas.

Antes de viajar com Frei Damião, li tudo que pude a seu respeito. De notícias e reportagens a ensaios e livros escritos por seminaristas e religiosos. Conversei com pessoas que o conheciam havia muitos anos. E visitei o quarto do convento dos capuchinhos onde ele dormia quando estava em Recife. Assim ficou mais fácil entender depois seu comportamento em meio aos milhares de crentes que o reverenciavam como santo.

Deu menos trabalho conceber a reportagem do que a notícia. A reportagem tinha um objetivo definido: o perfil de um religioso aclamado como possível sucessor do padre Cícero Romão Batista no imaginário das populações mais pobres do Nordeste. Padre Cícero é um ícone da religiosidade popular. Eu tinha de revelar quem era Frei Damião, contar como fora construído o mito em torno dele e mostrá-lo em ação.

No caso da notícia, eu não queria limitar-me ao óbvio. E o óbvio seria descrever as reações das pessoas diante do corpo do frade, falar dos preparativos do enterro e registrar declarações de uns e de outros. Em ocasiões como esta, as pessoas viram números para os repórteres. Foram tantas pessoas que velaram o corpo, tantas que desmaiaram, tantas que estavam sendo esperadas e outras tantas que compraram lembranças do frade.

Notícia é uma história, assim como a reportagem. As pessoas gostam de ouvir e de ler histórias. De preferência, sobre outras pessoas.

Toda história tem de ter começo, meio e fim. Notícia e reportagem, também. Um começo que chame a atenção do leitor. Um miolo atraente para empurrá-lo até o fim da história. E um final, se possível, que o surpreenda.

Diante da riqueza do personagem e do ambiente com o qual interagia, não faltariam elementos para escrever uma boa reportagem. No caso da notícia, o personagem estava morto. E o ambiente não era tão variado. Havia ali formalidades e certo cunho oficial. Não havia espaço para surpresas. De resto, o tempo da narrativa era de menos de um dia. Para ser exato, pouco mais de 16 horas.

Se eu não tivesse feito antes a reportagem, não teria escrito a notícia sobre o velório da forma como fiz. Foi porque me lembrei dos sermões de Frei Damião que pude, por exemplo, estabelecer o contraste entre o que ele dizia e certos tipos de pessoas que velaram seu corpo – a prostituta, a mocinha de minissaia, o bêbado envergonhado, a mulher que vivia com um homem sem ser legalmente casada com ele.

Foi também porque conhecia os códigos desse universo de extrema pobreza e de fé no sobrenatural que valorizei determinados detalhes. Como o da gritaria dos pardais que anunciou o amanhecer do primeiro dia do velório. E a invasão da basílica por alguns pardais, que sobrevoaram o corpo de Frei Damião e depois partiram. Para os devotos do frade, até os pássaros choraram e sentiram a sua morte.

Conversei com muita gente para apurar as informações para a reportagem (para a notícia, observei mais do que conversei). Quando sentei para escrevê-la, eu já sabia exatamente como começá-la e terminá-la. Tive tempo antes para pensar nisso. Em compensação, tive pouco tempo para pensar em como escrever a notícia. Gastei mais de uma hora imaginando o primeiro parágrafo. E só pensei no último quando a vez dele chegou.

Aproveitei na reportagem quase todas as informações que havia apurado. Desprezei na notícia a maioria das informações que havia colhido do lado de fora da basílica. Aí, a partir das sete horas da manhã, florescera um intenso e barulhento comércio de lembranças de Frei Damião. Não tive espaço para escrever sobre isso. E tudo, na verdade, me pareceu pouco original. Era gente vendendo e gente comprando.

Vocês lerão a seguir a notícia e a reportagem sobre Frei Damião de Bozzano. A primeira trata da morte dele, ocorrida em 1997, e do primeiro dia do velório. A segunda, de 1974, do frade que atraía multidões à sua passagem, condenava tudo que lhe cheirasse a pecado e promovia sessões de exorcismo.

CORREIO BRAZILIENSE   2 DE JUNHO DE 1997

O último Santo do Nordeste
Por Ricardo Noblat

Que faz ali a mocinha de minissaia e sorriso de dentes estragados a olhar curiosa o corpo de frei Damião, que repousa no caixão de madeira tosca plantado diante do altar principal da centenária Basílica de Nossa Senhora da Penha, no centro de Recife, entre os altares laterais do sagrado Coração de Jesus e de Nossa Senhora das Dores, e sob os coloridos afrescos pintados no início do século por Murilo Legrete? Maria dos Prazeres, garçonete, 19 anos, não sabe que, em vida, frei Damião condenava a moda impura das saias acima dos joelhos, responsável "pela perdição de muitos homens"?

E o homem de barba por fazer, bermuda barata, dorso seminu, arrastando um par de sandálias roídas pelo tempo e com um hálito de cachaça barata? O que faz também ele ali diante do caixão? O álcool "destrói a saúde dos filhos de Deus", pregava encolerizado frei Damião, "e faz os homens se aproximarem mais rapidamente das portas do inferno". José Porfírio dos Santos, 43 anos, estivador do cais do porto de Recife, testemunhou certa vez o religioso expulsar da basílica um bêbado incômodo. Mas nem por isso abandonou o vício.

E aquela mulher madura de uns quarenta e poucos anos, vestido justo estampado, que irrompe na basílica às 2h45min da manhã do domingo, evita a nave principal e dobra à esquerda, passa em revista as silenciosas imagens de Santo Antônio, São Félix, Nossa Senhora de Lurdes, São José, São João Batista e a Imaculada dos Franciscanos, cada uma em seu altar, esgueira-se entre bancos, dobra à direita e estanca, chorando baixinho, diante do corpo inerte do frade? Que fraquezas aquela mulher esconde? Ela não diz o nome. Confessa apenas que vive com um homem sem ser casada com ele.

"Os amancebados não terão direito ao reino dos céus. Deus não confirma uma união feita sem as bênçãos da Igreja. Ela não existe", repetiu incansavelmente frei Damião ao longo de 66 anos de peregrinações por mais de oitocentas cidades, distritos e lugarejos do interior nordestino. Diante do caixão velado por uma guarda de honra formada por cadetes da Polícia Militar de Pernambuco, desfilaram puros de alma com rosários nas mãos e pecadores envergonhados, curiosos, insones, bêbados contidos e prostitutas bem comportadas na primeira madrugada dos três dias de velório daquele que é considerado o último santo do Nordeste.

Frei Damião era coisa de pobre e ignorante; os ricos e intelectualizados não o escutavam. E foram os pobres, os marginalizados de tudo, que preferencialmente correram à Basílica da Penha para vê-lo pela última vez e chorar por ele. Essa humanidade miserável, que habita os grotões do Nordeste e a periferia das cidades, onde se vive em média menos de sessenta anos, cresceu e sobreviveu ouvindo falar – e muitas vezes convivendo com ele – aquele capuchinho italiano de baixa estatura, língua enrolada e uma espantosa energia física.

"Frei Damião foi homem de uma palavra só. O que ele dizia num canto, repetia no outro", testemunha Maria Adriana Gomes, 54 anos, mãe de cinco filhos e avó de cinco netos, que pagou 20 reais por uma vaga no ônibus que a trouxe de Juazeiro do Norte, no Ceará, até Recife, numa viagem de mais de 12 horas. "Ouvi frei Damião pregar em 12 cidades de cinco estados e ele nunca me decepcionou". Num mundo em que tudo muda rapidamente, frei Damião sustentava que certos valores e verdades são eternos. E acenava com uma vida feliz depois da morte para os infelizes que acolhia bondosamente.

Foi esse o segredo do prestígio dele. E o que está na base da construção do mito que a morte só fará aumentar. A fila de pessoas que no final da tarde de ontem se estendia por mais de três quilômetros diante da Basílica da Penha, confirma que nasceu um ícone da religiosidade popular do Nordeste capaz de rivalizar ou talvez mesmo superar a força de outro poderoso ícone, o padre Cícero Romão Batista. Quatorze ônibus entupidos de romeiros do Juazeiro estavam sendo aguardados em Recife até o início da noite. Previa-se a chegada de mais 150 ônibus e caminhões vindos de todos os estados da região. Recife assistirá, certamente, ao maior funeral de sua história.

Devotos

Um grupo precursor de devotos de frei Damião, a maioria deles do Ceará e de Alagoas, desembarcou em Recife no início da semana passada, abancou-se em pensões baratas e no Convento de São Félix, no bairro do Pina, onde o religioso será enterrado nesta quarta-feira, rezou, chorou, apelou a todos os santos para retardar o inevitável, mas pareceu conformado quando se cumpriu "a vontade de Deus". A morte do frade foi anunciada pouco depois das 19h de sábado no Hospital Português do Recife, onde os médicos se esforçavam por mantê-lo vivo à base de remédios e aparelhos.

O corpo chegou à basílica aos primeiros dez minutos do domingo. Depois de uma missa celebrada pelo superior geral dos capuchinhos, recém-chegado de Roma, foi oferecido à visitação pública. E desde o amanhecer não se passou um só minuto sem que algum visitante se prostrasse contrito diante dele. Nas primeiras doze horas do velório registrou-se um único desmaio – o de uma alagoana da cidade de Viçosa. Desmaiou de fome. A organização do velório, entregue à Polícia Militar e aos capuchinhos, mobiliza mais de 150 soldados, 54 frades, um carro do Corpo de Bombeiros, cinco caminhões rebocadores, três ambulâncias estacionadas nas cercanias da basílica e um helicóptero.

O arcebispo de Olinda e Recife, o conservador Dom José Cardoso Sobrinho, preparou um número que imagina ser capaz de levar a fé dos admiradores de frei Damião ao paroxismo. Na quarta-feira, tão logo termine a missa de corpo presente, com direito a telão e tudo, a ser celebrada no estádio do Arruda, onde cabem 150 mil pessoas, o helicóptero decolará dali com o corpo do frade e ao som de três trios elétricos. E sobrevoará baixinho parte da cidade para que a população possa se despedir dele. Coisa de branco! Coisa de devoto de frei Damião foi o alvorecer do domingo dentro da basílica. De repente, ali pelas 5h15min, o silêncio foi quebrado pelo canto estridente de centenas de pardais que costumam dormir em árvores de ruas próximas. Alguns pardais invadiram o templo, sobrevoaram o caixão e foram embora.

O exorcista do Nordeste
Por Ricardo Noblat

Por causa dele, duas mil pessoas já incendiaram um templo protestante na cidade de Patos, Paraíba. Nos lugares por onde passa, transforma a vida de comunidades inteiras: inimigos se reconciliam, casais separados voltam a viver juntos e descrentes creem. Aos bons, acena com a recompensa do céu. Amedronta os pecadores com uma visão terrificante do inferno. Amado pelo povo, evita se entregar diretamente ao seu contato para não ser esmagado pelas mãos aflitas que tentam tocar seu corpo ou rasgar suas vestes. Seminaristas do Instituto de Teologia do Recife registraram 80 "milagres" feitos por ele, desde curas inexplicáveis até demonstrações assombrosas de que é capaz de dominar fenômenos da natureza como a chuva e a seca. Metido numa batina surrada, dormindo apenas quatro horas por dia, se alimentando pouco, o italiano Frei Damião de Bozzano, da Ordem dos Capuchinhos, prega há 42 anos pelo interior nordestino e, em toda parte, é aclamado como santo. Tão santo como o padre Cícero Romão Batista, outro ícone da religiosidade popular do Nordeste.

Frei Damião não é bom orador. Seus sermões são decorados e ele os repete por toda parte. Do que diz, o povo entende pouco. O frade reage a todos os sinais de mudança no culto. Expulsa da igreja a mocinha que estiver de vestido curto. Atordoa os rapazes que buscam os prazeres do sexo. Angustia homens e mulheres que não vivem segundo o que ele prega – uma doutrina fundamentada no Concílio de Trento, do século XVI. No entanto, ao simples anunciado da sua presença, movem-se multidões para escutá-lo e ele as fascina, principalmente, com a sua figura. "Veja o tamanho dele, a barba, o andar. Veja os olhos dele. É ou não é um santo?" – perguntou-me um lavrador, não me lembro se em Gravatá ou Bezerros, cidades de Pernambuco, ou se em Cajazeiras, na Paraíba, por onde o segui. Talvez tenha sido em Mandacaru, um distrito de Gravatá, com duas ruas e uma igreja no meio, onde a população duplicou durante a semana que ele passou ali. Frei Damião mede um metro e meio de altura. A barba branca, cobrindo o pescoço, emoldura um rosto redondo onde pontificam dois olhos miúdos e muito vivos que percorrem as pessoas e os objetos ao seu redor sem se fixar em nada por muito tempo. É corcunda por causa de um defeito na espinha. A cabeça chega sempre primeiro onde quer que ele vá. O passo é curto, mas rápido, e mesmo os mais jovens têm dificuldade em acompanhá-lo nas procissões de penitência. Quando prega, exige o mais absoluto silêncio e invoca, com frequência, o demônio contra aqueles que conversam ou não prestam atenção no que diz. "Olha o capeta, cumadre, cale a boca, olhe o capeta" esbraveja numa voz muito rouca onde o tempo não apagou o sotaque italiano. Esse homem que chega a Cajazeiras para pregar as santas missões nasceu em Bozzano, Itália, em 5 de novembro de 1898. Nele puseram o nome de Pio, Pio Giannotti. Em maio de 1914, ingressou na Ordem dos Capuchinhos e fez-se sacerdote em 1923.

Desembarcou no Brasil em 17 de maio de 1931 e no Recife, no Convento dos Capuchinhos, ganhou o nome de Damião. Entre sua primeira viagem missionária a Gravatá e esta agora, onde mais de três mil pessoas estão reunidas para ouvi-lo defronte da igreja-matriz de Cajazeiras, se passaram milhares de outras porque Frei Damião já pregou, e muitas vezes, em mais de oitocentos lugares do Nordeste, utilizando como transporte desde o lombo de burro até o automóvel mais moderno, cedido, geralmente, por políticos à cata de prestígio. Aqui, em Cajazeiras, antes de falar ao povo, foi levado pelo prefeito Antônio Quirino a visitar uma escola e um açougue, principais obras da sua administração. Mas, neste momento, ele está em cima de um improvisado palanque com as mãos de anjo barroco pousadas numa mesa. Cessaram a conversa e o atropelo das pessoas que até se agrediram para vê-lo de perto. E sua palavra, de princípio pausada e branda, transmite uma paz que se propaga como círculos concêntricos:

– Meus irmãos. Se é grande a alegria que experimentais ao receberdes a minha visita, eu vos asseguro que não menor é a que experimento ao chegar ao meio de vós. Eu não sou nobre, não sou rico, não sou político, nem sequer tenho a honra de ter nascido neste país. Contudo, acabais de receber-me com tantas homenagens. É porque com os olhos da fé reconheceis em mim um humilde ministro de Nosso Senhor, um enviado por Ele.

A multidão começa a ser fustigada em seguida:

– Vivemos hoje como se eterna devesse ser a nossa morada sobre a Terra. Que outra coisa faz a maior parte de nós? Grande parte da vida empregamos a fazer o mal. Outra grande parte em nada fazer e toda ela em fazer aquilo que não deveria ser feito, em pecados, prazeres sinistros, desonestidades, conversas supérfluas, danças, jogos, divertimento. Corremos atrás dos bens efêmeros da vida até merecermos a condenação eterna.

Frei Damião usa uma parábola para se fazer entender:

– Uma jangada foi jogada ao mar e navegando sozinha despedaçou-se contra um rochedo. Outra, guiada por um jangadeiro, chegou inteira ao seu destino. A primeira jangada é o homem que não cumpriu a lei de Deus. A segunda é o homem que se deixou guiar por Ele, Nosso Senhor.

Há uma expressão de pavor no rosto das pessoas quando Frei Damião, quase aos gritos, profetiza:

– Os amancebados, os impuros, os lascivos, os que só pensam em gozar o sexo, os que não cumprem os mandamentos, esses irão para o inferno, estão ouvindo? O inferno. Um lugar de muito fogo onde vive o demônio. O demônio existe, estão ouvindo? Ele existe. Em Mirandiba, interior de Pernambuco, entrei numa casa abandonada e o demônio me jogou sete pedras.

Conscientemente ou não, Frei Damião conduz a multidão até quase um estado de desespero para depois acalmá-la com a esperança da salvação eterna. Durante 45 minutos, despertou emoções violentas e contraditórias. Quase não gesticulou. Por três vezes foi severo com grupos que conversavam baixinho e mandou para casa uma mulher porque o filho dela, ainda de colo, chorava o tempo todo. Abandonar o altar improvisado é um ato de temeridade porque as pessoas avançam sobre ele, alisam sua cabeça e tentam rasgar sua batina. Na sua frente partiu o sacristão carregando, num cesto, dezenas de cartas que lhe foram jogadas aos pés. Diariamente, recebe cerca de trezentas cartas. Algumas imploram sua benção. Outras pedem milagres, que veementemente ele nega ter poderes de operar.

(De um rapaz que se assina, simplesmente, Luís: "Meu santo Frei Damião eu peso ao senhor que bote uma bença na minha cabeça para eu deixar de bebê, porque quando bebo me dá vontade de matar meus pais e meu irmão". De Josefa Henrique da Silva: "(...) Mim der uma sorte melhor pois acho que sofro muito desgosto, muita gente gosta de mim umilhar e de contar conversa de mim sem eu falar mal, mas eu sou uma jovem que sofre calada e bem conformada com a minha sorte tão pouca". De Maria de Fátima Gomes: "Grande é esta data para mim que estou completando os meus 19 anos de idade, e ainda por cima ouvindo palavras santas de um grande santo como o senhor".)

Em 15 dias de missões em Cajazeiras, Frei Damião operou três "milagres". Na manhã do terceiro dia, enquanto confessava na igreja, lhe trouxeram uma mulher histérica, arrastada por três pessoas, que ao vê-lo começou a gritar e a fazer, com os dedos, repetidas cruzes no espaço. Jogaram-na no chão perto dele. Eu estava ao seu lado. Frei Damião começou a rezar baixinho no ouvido da mulher, depois aplicou-lhe pancadas fortes na cabeça e, por último, chicoteou-a com o cordão que carrega amarrado à cintura. Fez isso quase com raiva, enquanto murmurava preces já naquele momento ininteligíveis. De repente, a mulher pôs-se a chorar. Aos poucos acalmou-se, beijou de joelhos a mão do frade e voltou para casa. Não se ouviu nenhum barulho nos bancos da igreja, embora todos estivessem ocupados. Restou Frei Damião, meio encurvado, olhando a mulher que desaparecia por detrás das colunas do templo.

O segundo "milagre" foi o de um homem sem coordenação dos movimentos que a recuperou em quatro dias comungando e recebendo bênçãos especiais do frade. O último foi o que causou mais forte impressão no povo. Obedecendo às ordens gritadas por Frei Damião, depois de receber sua benção, um aleijado muito popular em Cajazeiras, que por mais de vinte anos se arrastou de cócoras pelas ruas, saiu da igreja caminhando. Não estava totalmente de pé e ainda sentia fortes dores na altura dos joelhos. Mas caminhava. E, imediatamente, o "milagre" correu a cidade inteira, ultrapassou as fronteiras do município e do estado e, dois dias depois, era comentado em Juazeiro, Crato e Barbalha, no Ceará, pois de lá chegaram viajantes trazendo a notícia de volta.

Seminaristas do Instituto de Teologia do Recife (ITER) estudaram o fenômeno Frei Damião e apresentaram suas conclusões num estudo de 85 páginas. Identificaram cinco tipos de sermões proferidos exaustivamente pelo frade: o de salvação, o do pecado, o que aborda as grandes verdades da religião, o que fala sobre a misericórdia divina e o que explica o amor de Deus. Entrevistaram 185 pessoas em diversas cidades do interior do Ceará e de Pernambuco. Quase todas ressaltaram as virtudes do frade e a maioria delas o considera santo, o sucessor do padre Cícero.

Recolheram três interpretações que, geralmente, são dadas para explicar o prestígio de Frei Damião junto ao povo. A primeira sustenta que o frade não é culpado de nada, que o povo é que é fanático e ignorante. Pensando assim foi que os bispos de Floresta dos Navios, Afogados de Ingazeira, Palmeira dos Índios e Campina Grande, cidades de Pernambuco, Alagoas e Paraíba, proibiram Frei Damião de pregar em suas dioceses. A segunda interpretação se centraliza na figura do frade: "Todos os fenômenos se explicam nele: é a sua fé, sua santidade, seu devotamento, seu poder, seus milagres que testemunham seu valor e importância junto às massas." Assim pensam os que creem nele. É notável como esses fiéis não mencionam os sermões de Frei Damião como elementos de santidade. Explicam os seminaristas: "As palavras da pregação parecem, para o povo, dissociadas do resto da vida e influência do frade. O povo procura-o mais para vê-lo e senti-lo do que para ouvi-lo. O povo o entende, mas não compreende muito o que ele diz, a não ser as figuras históricas e provérbios que usa para ilustrar a compreensão de suas teses."

A terceira interpretação sofre a influência sociológica. Frei Damião se explica pela situação de pobreza e de injustiça em que vivem as populações do interior do Nordeste. Os seminaristas estudaram a fundo cada uma dessas interpretações e elaboraram a sua, que pode ser resumida assim:

"(...) Frei Damião se apresenta para o povo ameaçado por uma mentalidade de cultura dominante como a bandeira da resistência. É claro que isto não é um mecanismo consciente nem para as massas nem para Frei Damião. Na pregação do frade e no seu estilo de vida, o povo encontra a sua identidade histórica. Este relembra o que seus antepassados lhe ensinaram. Por isso, os ouvintes já sabem o que Frei Damião vai dizer. Ele diz sempre as mesmas coisas e se apresenta para os seus ouvintes e fiéis como um elemento que os valoriza, que prova o valor da religião que receberam transmitida pela tradição familiar. Frei Damião no século XIX, por exemplo, certamente não apresentaria nenhuma novidade. Ele é um missionário do século passado, século em que o povo vive culturalmente. (...) Frei Damião prega contra a invasão dos valores atuais como a minissaia, pílula anticoncepcional, homem cabeludo, moça de calça comprida etc. Superestima os valores da cultura subjugada, sobretudo os elementos religiosos: missão, promessa, rosário, incriminação contra o sexo, veneração aos santos, milagres."

Em Cajazeiras ou Gravatá, Bezerros ou em qualquer lugar aonde vá, o ritmo diário dele é quase sempre o mesmo: acorda às três e meia da manhã e sai às quatro em procissão de penitência com um sino na mão despertando a cidade. Uma hora depois prega e celebra missa. Dá confissões até as oito horas, toma um café rápido e retorna ao confessionário até as 13h, quando vai almoçar. Diz o povo que ele não se alimenta, que só dorme no chão. Nada disso é verdade. Quando não celebra outra missa às 15 horas, confessa a tarde inteira. Às sete da noite prega novamente, e depois confessa até a meia-noite. Onde ele estiver as pessoas dormirão menos, o comércio lucrará mais e haverá um clima permanente de festa, um desfile incessante de mocinhas atrás de namorados e uma troca constante de visitas entre famílias para comentar seus últimos "milagres" ou as graças alcançadas.

Há um dia em que se reúne somente com homens num cinema. Todas as cadeiras estão ocupadas enquanto lá fora um cartaz anuncia a película *Um Punhado de Fêmeas*. Parecendo mais baixo do que realmente o é, com a gigantesca tela de projeção por trás, Frei Damião reza uma Ave-Maria e durante 75 minutos aconselha:

— Um beijo dado no rosto da namorada, como um beijo dado numa irmã, numa parenta, não tem nada de mais. Um beijo na boca, todavia, um beijo de língua, isso não, isso é pecado, estão ouvindo? É pecado.

(E quando fala do beijo na boca, Frei Damião transforma sua voz quase num sussurro e faz uma cara feia.)

— Viver com uma mulher sem ser casado com ela na igreja está errado, está errado, mesmo que se seja casado na Justiça. Deus não confirma essa união, ela não existe, estão ouvindo? Não existe. Se uma mulher passa na frente de um homem e ele a deseja, mesmo sem gozar com ela, ele pecou. Tem que se confessar e se arrepender.

Nesse dia Frei Damião confessou 186 homens. No outro dia, no mesmo cinema, a uma assistência de mulheres silenciosas e imóveis, ele ordenou:

— A pílula, a pílula não é boa. Deus não gosta. Para evitardes filhos, podeis apenas não usar dos direitos matrimoniais. E podeis fazer isso, se quiserdes, pela vida inteira, de comum acordo com vossos maridos. A minissaia não presta, não. É uma rede de que se serve o demônio para pegar os homens. O demônio está enganchado nas minissaias das mulheres. Muitos homens perdem a cabeça por causa dessas modas exageradas.

Frei Damião despediu-se de Cajazeiras num domingo de muito sol. Abençoou garrafas de água levantadas pela multidão, rosários, quadros de santos, imagens, benzeu centenas de carros, verberou pela última vez sobre o pecado e o inferno, confessou e recolheu-se à casa do vigário. Viajou no dia seguinte para Santana do Ipanema, em Alagoas, levando para a Ordem dos Capuchinhos 7.474,75 cruzeiros [o equivalente em julho de 2002 a algo como 8 mil reais] dados de esmola pelo povo nas coletas diárias. No cofre da igreja-matriz ficou, pelo menos, metade disso. E não se sabe quanto a mais ele levou nos milhares de envelopes que recebeu, a maioria com cartas, mas um bom número com cédulas de pequeno valor.

CAPÍTULO VII

A reinvenção de um jornal
(a história da reforma do Correio Braziliense*)*

No início de 1994, o *Correio Braziliense* vendia no Distrito Federal uma média diária de 33 mil exemplares contra menos de sete mil do seu principal concorrente, o *Jornal de Brasília*. De cada 100 pessoas que diziam ler jornais de quatro a cinco vezes por semana, 85 só liam o *Correio*. O jornal detinha o monopólio dos pequenos anúncios. E disputava com a TV Globo a maior fatia do mercado publicitário local. Foi quando sua direção concluiu que estava na hora de promover uma mudança radical no produto.

Mas por que mudar? E como mudar?

Era preciso mudar porque o *Correio* se sentia ameaçado pela penetração crescente no Distrito Federal dos principais jornais do eixo Rio – São Paulo. E também de jornais de outros estados. A venda diária de nove desses jornais, somada à do *Jornal de Brasília*, atingira a casa dos 24 mil exemplares no final de 1993. O que significou um salto de pouco mais de 50% em relação ao ano anterior. Isso se devia ao fato de que o *Correio* não se modernizara. Seus leitores o avaliavam como um jornal provinciano, conservador e chapa branca.

Lia-se o *Correio Braziliense* por causa dos pequenos anúncios, do noticiário local e de sua condição de o mais antigo jornal do Distrito Federal, cuja primeira edição circulara no dia da inauguração oficial de Brasília. Mas os leitores estavam claramente insatisfeitos com ele. A democracia fora restabelecida no país com o fim da ditadura militar de 1964. Por toda parte, os jornalistas exerciam seu ofício com mais liberdade. O *Correio Braziliense*, no entanto, se comportava como se nada tivesse mudado ao seu redor.

A reforma do jornal começou em fevereiro de 1994 e ainda não terminou. E talvez jamais termine. Porque nele prevalece o entendimento de que seu projeto editorial é uma obra inacabada. E sempre será. E o melhor é que seja assim. Se o mundo está em contínuo movimento, por que os jornais devem permanecer parados? Se a cada ano as montadoras de carros lançam novos modelos e aperfeiçoam os existentes, por que os jornais só devem ser reformados a cada cinco ou dez anos? Alguns deles enxergam vantagens em jamais ter mudado!

A história da reforma do *Correio Braziliense* pode ser contada de olho em três datas: fevereiro de 1994, abril de 1996 e julho de 2000.

NO PRINCÍPIO ERA O VERBO...

Em linhas gerais, o *Correio Braziliense* funcionava assim no início de 1994:
- a maioria dos jornalistas tinha mais de um emprego;
- os repórteres trabalhavam para a edição dominical;
- os editores chegavam à redação no fim da tarde e fechavam suas páginas com *releases* e material de agências nacionais e internacionais de notícias;
- fatos que pudessem desagradar ao governo local e ao federal, anunciantes importantes e amigos da direção do jornal eram desconsiderados ou mereciam pouco destaque;
- havia colunas para todos os gostos, entre elas, duas diárias de notas sociais; uma publicada três vezes por semana sobre atos administrativos das Forças Armadas; uma semanal sobre a vida nas embaixadas; outra aos domingos sobre marketing assinada pelo diretor de marketing do jornal; e mais uma às quartas-feiras sobre negócios do setor de aviação escrita pelo despachante encarregado de liberar na alfândega do Rio de Janeiro tudo que o jornal comprasse no exterior;
- traficava-se influência em quase todas as áreas do jornal e muitos diretores, jornalistas e até diagramadores ganhavam dinheiro com isso.

Em fevereiro, o comando da redação foi trocado. Formado por meia dúzia de jornalistas que até então trabalhavam em sucursais de jornais cariocas e paulistas, o novo comando esboçou um programa mínimo de cinco pontos:
- toda notícia que interessar aos leitores será publicada;
- é proibido publicar *releases*;
- o duplo emprego deve ser abolido a curto prazo;
- é permitido ousar;
- erro existe para ser admitido.

Os dois primeiros itens entraram em vigor de imediato. E o choque provocado por eles dentro e fora do jornal foi bastante forte. De repente, o *Correio Braziliense* passou a oferecer a seus leitores notícias que antes escondia ou minimizava. E proibidos de publicar *releases*, os repórteres e editores foram obrigados a correr atrás de notícias.

Pela primeira vez desde que assumira o cargo de presidente da República, Itamar Franco procurou no início de março o diretor-presidente do jornal, Paulo Cabral de Araújo, para reclamar de uma notícia publicada pelo *Correio Braziliense*. Enquanto autoridades de diversos escalões e poderosos empresários locais reclamavam e reclamavam, cresciam as vendas do jornal.

O duplo emprego foi praticamente extinto no prazo de pouco mais de um ano. O jornal aumentou o salário dos profissionais que quis manter em seus quadros com dedicação exclusiva. Os demais foram substituídos. Em fevereiro de 1995, quase 90% da redação fora renovada. E a circulação paga do jornal crescera em exatos 41,4%.

O estímulo à ousadia renovou a pauta de assuntos do jornal e animou a recém-criada editoria de arte do *Correio Braziliense* a fazer experimentos gráficos. Quando morreu o inventor da caneta Bic, a chamada da notícia na capa do jornal foi escrita à mão. E, naturalmente, imitando o traço produzido por uma caneta Bic. As fotos ganharam mais espaço. As páginas ficaram mais leves.

Em três ocasiões ao longo de 1994 o jornal publicou notas na primeira página assinadas por seu diretor de redação pedindo desculpas por erros que cometera. Um deles atingira o ex-governador Orestes Quércia, de São Paulo. O jornal anunciou que ele seria condenado em processo que tramitava no Superior Tribunal de Justiça. Quércia foi absolvido.

O programa de cinco pontos foi um sucesso. Mas estava longe de representar uma reforma editorial. Ou um arremedo de reforma. O jornal prescindia de pesquisas. Nem mesmo conhecia o perfil dos seus leitores. De resto, era preciso reforçar a redação com profissionais mais qualificados. E estes não acreditavam que o *Correio Braziliense* pudesse mudar.

E O VERBO GANHOU UM ROSTO...

No dia 21 de abril de 1996, o *Correio Braziliense* amanheceu nas bancas com cara nova. A tipologia, a logomarca, as cores, o desenho das páginas, tudo mudara. O primeiro caderno abria com notícias internacionais. Notícias do Distrito Federal foram reunidas em um caderno diário de oito páginas. Havia novas seções. E velhas seções foram abolidas.

A reforma enfatizou seis pontos:
- jornal local;
- jornal de referência nacional;
- rigor na seleção das notícias;
- aposta em grandes reportagens;
- maior emprego de recursos visuais;
- prestação de serviço ao leitor.

Dois dos seis pontos foram percebidos de imediato pelos leitores: a ampliação do noticiário sobre o Distrito Federal e a beleza gráfica do jornal. Coincidiu de, na época, o *Correio* ter deflagrado uma campanha para reduzir a violência no trânsito. Ela culminou com uma passeata convocada pelo jornal que atraiu 25 mil pessoas vestidas de branco.

Brasília foi a primeira cidade brasileira a ter o trânsito controlado eletronicamente por sensores de velocidade. E também a primeira a aprovar uma lei que obriga os motoristas a respeitar a faixa de pedestre. A campanha do *Correio Braziliense*, chamada Paz no Trânsito, foi apontada como modelo pelo governo federal e copiada por jornais de outras cidades.

O compromisso com o noticiário local não diminuiu o empenho do jornal em oferecer melhor cobertura do poder federal – governo, Congresso e tribunais de Justiça. E destacar qualquer fato relevante ocorrido no país e no mundo. Em 1998, o *Correio* tinha correspondentes em Nova York, Londres, Madri, Lisboa e Paris. E um colaborador fixo em Buenos Aires.

A essa altura, fora detido o avanço de jornais de fora no mercado do Distrito Federal. E o *Correio Braziliense* começava a ser levado em conta pelos chamados formadores de opinião de outras cidades do país – notadamente jornalistas, políticos e empresários. Era o que pretendia quando estipulou como meta tornar-se um jornal de referência nacional.

Foi a partir daí que o *Correio Braziliense* passou a ganhar alguns dos mais importantes prêmios de jornalismo – no Brasil e fora dele. É o jornal brasileiro mais premiado pela The Society for News Design, a entidade da área de design de jornais de maior prestígio no mundo. Até meados de 2002, o *Correio* acumulara um total de 156 prêmios de jornalismo: 69 de artes gráficas, 63 de reportagem e 24 de fotografia.

Fevereiro de 1994 significou uma correção no rumo editorial do *Correio*; abril de 1996, o início propriamente dito de sua reforma; julho de 2000, a ruptura com o modelo de jornal que ainda vigora por toda parte.

E DO ROSTO SE FEZ UM NOVO JORNAL

Mudar por quê?

Porque o modelo de jornal conhecido data de muitas décadas e envelheceu. Esgotou-se por não levar em conta o surgimento de outros meios de comunicação e desprezar a evolução dos gostos, costumes e modo de vida das pessoas.

Mudar para quê?

a) Para atrair novos leitores – especialmente mulheres e jovens.

b) Para atrair os não leitores (pessoas que têm renda e escolaridade suficientes para ler jornais, mas não leem).
c) Para aumentar o grau de fidelidade dos atuais leitores.

Se tais objetivos forem alcançados, o jornal ampliará sua circulação paga (assinaturas + exemplares vendidos por jornaleiros) e atrairá mais anúncios.

A independência editorial de um jornal resulta da independência econômica da empresa que o edita e dos valores que a orientam.

"Só correm risco de morrer os jornais que não rejuvenescem."
(Mário Garcia, designer cubano que nos últimos 30 anos ajudou a rejuvenescer cerca de 600 jornais em diversos continentes)

"A meu juízo, um jornal que esquece que existe em função da comunidade na qual circula se encontra em grande perigo."
(Mike Robson, diretor geral da Independent Newspapers Ltda., empresa editora de jornais na Nova Zelândia)

PRINCÍPIOS GERAIS DO *CORREIO* 2000

Jornal planejado

Nada deve ser deixado ao acaso. Nem para ser feito de última hora. Isso significa pensar o jornal como um todo com bastante antecedência. O jornal de amanhã deve surpreender o leitor que ainda não o recebeu, jamais o jornalista que o fez. Jornal concebido e produzido de um dia para o outro tem pouco a ver com jornal de qualidade superior.

- **No velho jornal:** editor só pensava em fechar, fechar, fechar páginas. Era um "fazedor". Os repórteres esperavam que as notícias caíssem do céu, quase sempre as mesmas que caíam também para repórteres dos demais jornais. Quando elas se recusavam a acontecer, o jornal do dia seguinte era fraco. Invariavelmente, ouvia-se a mesma desculpa: "Não aconteceu nada ontem".
- **No novo jornal:** editor só pensa em como fazer melhor seu trabalho. Pilota todas as fases de produção – da discussão da

pauta com o repórter e o fotógrafo, às ilustrações gráficas encomendadas à editoria de arte. Está sempre preocupado com a edição de depois de amanhã, de daqui a uma semana, 15 dias, um mês. Forma profissionais. Apura informações. E, sempre que pode, escreve matérias. Chega cedo à redação e vai embora quando as páginas começam a ser fechadas por subeditores e redatores.

Quanto aos repórteres, o lugar deles não é na redação. É nas ruas atrás de notícias desconhecidas. Apuram, escrevem e editam as próprias matérias.

Quem manda no espaço é a notícia

Terá mais espaço a editoria que oferecer melhores matérias. As melhores matérias ocuparão espaço nobre e generoso. É a relevância dos assuntos e a afinidade entre eles que determinam a paginação do jornal.

Por isso, a ordem de apresentação de assuntos muda diariamente. E também as rubricas que os identificam (Política, Economia, Mundo, Cidades). Novas rubricas podem aparecer num dia e desaparecer no outro.

- **No velho jornal:** as editorias tinham um certo número de páginas quer houvesse ou não notícias importantes para preenchê-las. Justo por isso, cada uma dispunha de um número fixo de repórteres. Cada editor e cada grupo de repórteres faziam seu jornalzinho particular. Às vezes, notícia que poderia ser publicada no espaço de uma ou de outra editoria acabava ficando de fora do jornal por falta de entendimento entre os editores.

  Se um dia um editor precisasse reforçar seu time de repórteres para cobrir determinado assunto, seria difícil contar com repórteres de outras editorias. Porque eles estavam ocupados com outras matérias.

- **No novo jornal:** editores e repórteres produzem matérias para todo o jornal. O espaço de cada editoria é proporcional ao número de boas matérias que ela tenha. O número de repórteres, também. Criam-se editorias para cuidar de assuntos especiais. E logo que eles se esgotam, dissolvem-se as editorias.

Mais e mais notícias "invisíveis"

A busca de matérias exclusivas deve ser o principal objetivo de repórteres e editores. O jornal fica obrigado a tornar-se cada vez menos refém das notícias de ontem. E a ocupar-se cada vez mais em antecipar fatos.

O jornal-papel perdeu para o rádio, a televisão e a internet a condição de fonte primária de informação das pessoas. Resta-lhe:
- investir na oferta de notícias e reportagens próprias, fora do cardápio de assuntos comum aos demais veículos de comunicação;
- selecionar, explicar, interpretar e analisar alguns poucos fatos cruciais do dia anterior;
- antecipar fatos em gestação.

Quem pauta o jornal é o repórter

O único meio possível de oferecer notícias que surpreendam o leitor é deixar que os repórteres pautem o jornal *de fora para dentro*. Ou seja: da rua para a redação.

Jornal pautado de dentro para fora é quase sempre jornal igual ou parecido com os outros. Para que possam pautar, os repórteres devem ter áreas de cobertura previamente definidas. O que não significa que eles estejam impedidos de circular por outras áreas.

A setorização é o meio para que o repórter conheça melhor determinados temas, amplie seu leque de fontes de informação e descubra notícias exclusivas. De tempos em tempos, ele deve trocar de área.
- **No velho jornal:** repórter só saía da redação para cumprir uma pauta que o chefe lhe dava. Ele não tinha tempo de descobrir notícias.
- **No novo jornal:** repórter sai da redação ou de casa atrás de notícias da área que lhe compete cobrir. Ao esbarrar em uma notícia, avisa o chefe e combina o que fazer.

Cobertura seletiva

Se a principal meta é oferecer notícias exclusivas, é preciso ser rigoroso na seleção de assuntos a serem cobertos e que necessariamente também o serão pelos demais jornais.

Devem-se apostar todas as fichas na cobertura mais ambiciosa de poucos assuntos. Que os demais assuntos fiquem por conta das agências de notícias. Estes, de preferência, devem ser publicados na seção de notícias curtas de cada editoria.

"A melhor notícia não é a que se dá primeiro, mas a que se dá melhor." (Gabriel García Márquez)

"O mínimo de espaço para o máximo de notícias que os demais jornais publicarão. O máximo de espaço para notícias exclusivas." (José Delgado)

Novos conteúdos

Moda, comida, decoração, viagens, comportamento, sexo, novas tecnologias, bem-estar, vida moderna, esportes radicais, entretenimento são exemplos de temas que os jornais costumam oferecer só de vez em quando. Quase sempre, uma vez por semana em cadernos ou páginas específicas. Eles devem estar presentes todos os dias no *Correio*. No primeiro bloco do jornal e nos demais cadernos.

O jornal só atrairá mais leitores, principalmente mulheres e jovens, se oferecer o que lhes interessem todos os dias. No caso dos jovens, os jornais erram porque escrevem sobre eles. O *Correio* deve escrever para eles.

Local, local, local

O noticiário local deve contaminar todo o jornal. É considerado local tudo que diga respeito à vida no Distrito Federal, além do que mais possa interessar aos leitores. Deve-se procurar conferir cor local às notícias oriundas de qualquer parte. Jornal é um veículo de comunicação eminentemente local.

Jornal de referência nacional

O *Correio* não é um jornal do Distrito Federal. É um jornal da capital da República. Como tal, deve também perseguir, valorizar e refletir os fatos nacionais e internacionais de impacto sobre a vida do país e do mundo.

Jornal de reportagens

Mais valem cinco boas histórias por dia – inéditas, bem apuradas, bem escritas, inteligentemente editadas e capazes de capturar a atenção dos leitores – do que centenas de notícias reunidas às pressas e sem maiores critérios.

Jornal visualmente atraente

Tudo que puder ser correta e convenientemente informado por meio de recursos visuais assim deverá ser. Tais recursos serão postos, primeiro, a serviço da informação; segundo, do embelezamento do jornal. Exatamente nesta ordem.

- **No velho jornal:** importante era o texto, somente o texto, nada mais do que o texto. Utilizavam-se fotografias – desde que não tomassem o espaço do texto. Se ameaçassem tomar, sumiam ou tinham o tamanho reduzido. Fotógrafo, quando muito, era uma incômoda dama de companhia do repórter.
- **No novo jornal:** o que importa é comunicar bem ao leitor o que se quer comunicar. Se um gráfico, em determinados casos, comunica melhor, publique-se o gráfico, subtraia-se o texto. Se uma infografia conta melhor uma história do que um texto corrido, publique-se a infografia.

Valorizando o porquê

A maioria dos leitores já sabe o que aconteceu antes de abrir o jornal. Soube de véspera pela TV, rádio, internet e comentários de amigos. Mas desconhece por que aconteceu. E não faz a menor ideia do que acontecerá depois.

- **No velho jornal:** serviam-se ao leitor os fatos em estado bruto. De preferência, em linguagem telegráfica, sem emoção, sem cor, sem vida.
- **No novo jornal:** explica-se ao leitor o significado dos fatos; conta-se o que está por trás deles; destaca-se o que eles têm a ver com a

vida das pessoas; e tenta-se projetar os possíveis desdobramentos. Notícias e reportagens falam de pessoas. Não abordam assuntos abstratos. O texto reflete a personalidade e o estilo do seu autor.

"O que confere credibilidade a um texto são os detalhes."
(Gabriel García Márquez)

Interagindo com o leitor

Não basta ler. Tem de participar. Não basta ouvir o leitor. Tem de deixá-lo interferir.

- **No velho jornal:** o espaço reservado para manifestação dos leitores era a seção de cartas. Os jornalistas viam os leitores como um bando de chatos e faziam jornais para seu próprio deleite e dos leitores que pensavam mais ou menos como eles.
- **No novo jornal:** abrem-se mais espaços para manifestação dos leitores. Cada editoria deve ter seu conselho de leitores, que se reunirá periodicamente para criticar o jornal e sugerir meios e modos de fazê-lo melhor.

Acentua-se a prestação de serviços aos leitores por meio da criação de novas seções e da orientação dada às matérias. Foco no leitor não basta. É preciso estar de acordo com este foco.

Interagindo com a internet

O *CorreioWeb* é o *Correio Braziliense* na internet.

Lugar de furo é no *CorreioWeb* – salvo os furos que possam ser guardados para a edição seguinte do *Correio Braziliense* sem que se corra o risco de perdê-los.

QUEM PLANTA, COLHE

Em janeiro de 1994, o *Correio* era o 17º jornal em circulação paga na lista de 41 jornais auditados pelo Instituto de Verificação de Circulação (IVC). Saltou para o 10º lugar em março de 2002 se levados em conta os mesmos 41 jornais. Nos últimos oito anos, surgiram alguns jornais populares que alcançaram grandes tiragens. É o caso do *Extra*, do Rio de Janeiro. E do *Diário Gaúcho*, do Rio Grande do Sul.

O *Correio* foi o oitavo jornal que mais cresceu entre os 41. Aumentou a circulação em 64%. No Distrito Federal, à exceção da *Gazeta Mercantil*, os jornais de outros estados perderam mercado entre janeiro de 1994 e março de 2002. A *Folha de São Paulo* e o *Jornal do Brasil* foram os que mais perderam.

A trajetória do *Correio* de 1994 para cá é avaliada assim por alguns jornalistas e estudiosos da área de comunicação:

Mino Carta, editor da revista *Carta Capital*: "O *Correio Braziliense* é o jornal brasileiro que mais respeito. De longe. Entre todos os diários do país, considero o *Correio* o mais benfeito – falo de texto, diagramação, de qualidade da informação, de acabamento em geral; e o mais independente – falo de credibilidade, de exercício de espírito público. Insisto: de longe o melhor."

Reynaldo Jardim, autor do projeto gráfico do SD-JB, suplemento dominical do *Jornal do Brasil* lançado em 1958: "Depois da famigerada reforma do *Jornal do Brasil* nada se iguala à revolução gráfica e editorial promovida pelo *Correio Braziliense*, porque foi uma revolução estrutural, corajosa e criativa. Partiu do marco zero, não seguiu nenhum modelo e criou um novo paradigma para a imprensa nacional e internacional. Além da independência jornalística, louve-se a criação do jornal mais graficamente inventivo do planeta."

Jânio de Freitas, colunista e membro do Conselho Editorial da *Folha de São Paulo* e um dos autores da reforma do *Jornal do Brasil* em 1958: "Por muito tempo, a palavra reforma, aplicada a jornais e revistas, me causou os piores sentimentos. A qualquer pretexto e em qualquer lugar, e inevitavelmente, se mudava um chefe, lá vinham reformas. Ou melhor: desastres. Nos melhores casos, tolices e equívocos. Ficou estabelecido que reforma significa apenas mudar. O pressuposto de que deve ser mudança para melhor, este desapareceu junto com os fios que, a partir do *Jornal do Brasil*, todos acharam indispensáveis retirar. Para depois repor só por não saberem valer-se dos espaços. Fios para lá e para cá passaram a ser a razão de tudo. E, no entanto, sempre foram, são e serão um recurso apenas secundário na estética e na comunicação visual do jornalismo impresso. A elevação dos jornais paulistas ao topo da imprensa, na senda aberta pela derrocada do *Jornal do Brasil*, pareceu prometer uma segunda onda de inovações. À disposição deles havia o que sempre faltara no Rio – dinheiro, recursos industriais e mercado leitor gigantesco. Mas o conservadorismo formal, o desinteresse entre tímido e presunçoso pelas técnicas e premissas do jornalismo e uma tendência ministerial para a burocracia mantêm a espera pela imprensa paulistana. Talvez não seja assim por deliberação. O fato, porém, é que suas reformas, como nos governos, mais preservam do que mudam. E as tentativas eventuais para transpor esse temperamento tradicionalista levam a versões impressas do samba do crioulo doido, facilitadas pelo recurso das cores ainda não compreendido. A contribuição muito importante ficou por conta do pluralismo informativo-opinativo adotado pela *Folha de São Paulo*.

O descampado jornalístico de Brasília, onde a bem recompensada vocação para fazer diário oficial combate abertamente o jornalismo, trouxe o inesperado. O *Correio Braziliense* recuperou o sentido de reforma de jornal: criou uma identidade baseada em comunicabilidade, em recriação diária dentro de padrões estéticos próprios e rigoroso bom gosto. E recheou tudo isso com o apuro do espírito jornalístico na melhor afinidade com cada momento do leitor.

Mas, por favor, não é para ser imitado. Cada jornal é um jornal. Logo, cada reforma há de ser uma reforma particular. Ou não é reforma nem se dará em um jornal."

Correio Braziliense em 1994

Correio Braziliense em 1996

X-TUDO
- Jovens fazem a cabeça no teatro
- Mania de regime pode até matar

DOIS
- Comediantes perdem o bom humor
- Novo CD do Quarteto de Brasília

FUTEBOL NA TV
Sport x Fluminense 15h30 — Bandeirantes
Bragantino x Corinthians 15h30 — Globo

CORREIO BRAZILIENSE

Rosas e fitas brancas para motoristas de Taguatinga.

Saiba como chegar até o local da Caminhada.

PAZ

BATALHANDO NA HIGH SOCIETY
Carmem Mayrink Veiga, que durante 40 anos foi sinônimo de glamour e de riqueza, caiu na real. Depois que os bancos penhoraram a fortuna da família, ela trocou as viagens pela Europa por palestras sobre moda e etiqueta. Em Brasília, 200 mulheres pagaram R$ 70,00 cada uma só para ouvi-la. "A vida é feita de altos e baixos", disse Carmem ao *Correio Braziliense*.

ALAGOAS RESPIRA
O Tesouro Nacional abriu os cofres e o governo de Alagoas pagou os salários de maio e abril de 25 mil funcionários públicos em greve.

SEPULTAMENTO
Joselina da Silva, 37 anos de idade e 240 quilos de peso, foi enterrada ontem em São Paulo. Para carregar o caixão foram necessários 10 homens.

AMEAÇA DE MORTE
Antônio Alves, que estuprou e matou Andrea, de oito anos, foi levado para a Papuda porque os presos da 16ª Delegacia queriam matá-lo.

CONTRA O ÁLCOOL
Um baômetro descartável, importado da França e custando R$ 2,00, vai ser vendido nos supermercados de Brasília dentro de dois meses.

MAIS R$ 1 BILHÃO
É quanto vai aumentar o orçamento do Governo do Distrito Federal em 1997, passando para R$ 4,9 bilhões. A maior parte para pagar servidores.

Amanhã é dia de encher a rua de vida. Morte, temos tido demais.
Chega de mortos e mutilados produzidos em série, como se vivêssemos em uma guerra permanente contra nós mesmos. Como se tudo não passasse de uma fatalidade, como se em algum lugar estivesse escrito que viemos aqui para matar ou morrer. Não, não está escrito em lugar nenhum. Não foi para isso que viemos.
Chega de ver da janela mais uma vida roubada pelo trânsito e ter apenas a criminosa reação do alívio: afinal, não aconteceu conosco, não aconteceu com ninguém que a gente ama, ainda não foi desta vez. Amanhã é dia de dizer que não vamos mais esperar pela nossa vez.
Amanhã é dia de chorar os 78 mortos que nossa imprudência e nossa omissão fizeram num único mês de agosto. Mas, acima de tudo, de celebrar a vida. De redescobrir como pode ser bom viver em paz, uma sensação já quase perdida na memória ou nos nossos melhores sonhos.
Amanhã é dia de sair, às 15h, de perto do cine Brasília, na 106 Sul, e caminhar, talvez, alguns dos quilômetros mais importantes de nossas vidas. Porque ao fim dessa caminhada, não seremos mais os mesmos.
Nós, a comunidade de Brasília, estaremos assumindo pela primeira vez em nossa história uma posição de vanguarda diante da nacionalidade. A *Caminhada pela Paz no Trânsito* é um movimento cívico dos mais importantes — tão ou mais que as lutas pela redemocratização que tantas vozes alimentaram em todo o país nos anos 80.
A diferença é que Brasília, naquela ocasião, caminhava a reboque do processo. Hoje, o impulsiona. Lutamos pelo mais elementar dos direitos humanos: o de ir e vir, com segurança. O trânsito é a nossa guerra civil não declarada, que mata e mutila.
Amanhã é dia de dizer que a guerra pode acabar. E que estamos dispostos a acabar com ela.

AMANHÃ, ÀS 15H NO EIXÃO

BURACO PROVOCA MAIS UM ACIDENTE. CAPA. ARTISTAS ADEREM E VÃO DIVERTIR OS MANIFESTANTES. PÁGINA 3. INFRATORES FOTOGRAFADOS NA W3 NORTE. PÁGINA 4. DEPOIMENTO: O IRMÃO ATROPELADO EM FRENTE AO CINEMA. PÁGINA 4.
CADERNO CIDADES

Correio Braziliense em 1998

Correio Braziliense em 2001

Correio Braziliense em 2002

Correio Braziliense em 2000

Correio Braziliense em 2001

CORREIO BRAZILIENSE — Brasília, sábado, 27 de outubro de 2001

COISAS DA VIDA

PERDIDOS E ACHADOS
DESCUBRA POR ONDE ANDAM ARTISTAS QUE JÁ FORAM BADALADÍSSIMOS E HOJE CAÍRAM NO ANONIMATO
PÁGINA 3

BELEZA
CABELOS COMPRIDOS VOLTARAM À MODA. COM ELES, TÉCNICAS DE ALONGAMENTO E APLIQUE DOS FIOS
PÁGINA 6

Conceição Lemes
Da redação

Entre a puberdade e a idade adulta, todos homens — muitos raros, mesmo — não tiveram a cabeça invadida por uma dúvida capaz de consumir a auto-estima, destruir fantasias e tornar-se a mãe de todas as inseguranças: o tamanho do do cu ameno. Seja gelo. É natural. A urologia lota os homens á customaquinha contada médica, questionando o tamanho que julgam pequeno. A quase totalidade descobre que é absolutamente normal. Mas não em 100% das clínicas especializadas particulares. Em algumas, mesmo para diente com, algum, dimensões normais, são oferecidas sedutoras promessas de aumento ou alguma centímetro à dita ou trio parte da anatomia. O mortíade e para alargar ou alegar o órgão sexual é variado: extensores, cirurgias, enxerto de placas de colágeno, injeções de gordura, mexa relax o "gel russo". Renomados especialistas brasileiros e estrangeiros, no entanto, condenam esses tratamentos. "Seus promotores são vendedores de ilusões", denuncia Eric Wieclawski, presidente da Sociedade Brasileira de Urologia. Seu colega Ira Sharlip, presidente da Sociedade Americana de Medicina Sexual, é cauto que o prova: "Não há pesquisa científica que autorize um médico a usar esses tratamentos em homens com pênis normal". A Sociedade Alemã de Urologia também rejeita os procedimentos. "Eles não têm o que fazer pela saúde, são propostas puramente comerciais", critica o professor Klaus-Peter Jünemann, da Faculdade de Medicina da Universidade de Heidelberg. No Brasil, os tratamentos estão proibidos nos consultórios desde 1997 pelo Conselho Federal de Medicina, CFM. A justificativa é de que ainda não existem técnicas satisfatórias para a indicação estética. "Os pacientes continuam sendo enganados e usados como cobaias", resslade Sidney Glina, presidente da Sociedade Internacional para a Pesquisa da Impotência da Sexualidade.

OS FALSOS MILAGRES

EXTENSORES
Vendido pela Internet e em sex-shops, mais aparelhos, com duas hastes metálicas e um anel de plástico, submetem o pênis à tração constante de 600 a 1.500 gramas. Um tratamento condenado pelo médico Ronaldo Damião, professor titular de Urologia da Universidade do Estado do Rio de Janeiro (UERJ). Nãu há um estudo sério no mundo, mostrando que colocar peso no pênis o aumenta. Também investigas pesquisas sobre os benefícios e maléficas a longo prazo. Isso sem coisa já se saber bal risco do o pênis necrosar se o aparelho apertar demais. O resultado pode ser desastroso. Quem buscava centímetros a mais podem tê-la a menos ou, até, continuará nenhum. normais. "Um órgão mais avantajado, de mais, pvaeces dos ao turca u crio to siten", observa o médico Luís Otávio Torres, chefe do Serviço de Andrologia do Hospital do Servidor Público Estadual de Minas Gerais. Quando à cirurgia, o que faz é espor u parte do pênis normalmente embutida. "Não o quê fle aumentando — um a três centímetros — pode ser perdido com a cicatrização", alerta o professor Arnold Melman, da Clínica de Urologia da Faculdade de Medicina Albert Einstein, em New York. Em compensação, o pênis pode ficar até menor. Pode também perder a angulação natural durante a ereção, interferindo até no sexo sexual. Sem contar que os nervos responsáveis pelas sensações podem ser lesados ou comprimidos pela cicatrização.

CIRURGIAS
Quem cisdaca à os operação que corte os ligamentos suspensores — precisamente os estruturas que alta a sustentação da ereção. Isso "fase de glória" fui de 1956 a 97. No é para, o médico Alfredo Romero, de São Paulo, presenciou. "Se o homem tem det ou 15cm de pênis ereto, mai o quer mas ic ben saccionor os ligamentos que pretendem o nuembro e o pênis. Em alguns casos, chega a ter centímetros". Atualmente, admite n ouras remorsos. Só que, apesar do discurso mais convencido, médicos que fizeram essa cirurgia prosseguem engordando quem os procaez. Para começar, brasileiros com dez ou 11 centímetros de pênis em ereção estão dentro das medidas.

INJEÇÕES
Quem busca aumento a largura encontra em caminho um ainda mais variado de ciladas. Isposculturas e injeções de motoesitale e gel rosso frisa à hora da cidade kierbásteria. Rafl Gesparoli, professor da Cirurgia Plástica da Faculdade de Medicina da Universidade de São Paulo (USP), combate: "O pênis não compre pápuloa como os seios. Devido à complexidade dos seus vascularisos, pode ter o funcionamento comprometido". As substâncias injetadas podem procurar etita, cicatrizes internas, nervosas, redução da sensibilidade e comprometimento do desempenho e da sensibilidade do pênis.

O TAMANHO DA DÚVIDA

SE HOMENS NÃO SE PREOCUPAM COM DEPILAÇÃO E CELULITE, HÁ ALGO CAPAZ DE LHES TIRAR O SONO

É VERDADE...

■ Bem, 12cm, 10cm... Todas essas medidas estão ok. A garantia é dos urologistas Luís Octávio Torres e Cláudio Teloken, que pesquisaram o assunto em Belo Horizonte e no Rio Grande do Sul. A maioria ficou nos 11 cm. "Todos que estão dentro dessas medidas são normais", assegura Teloken. O que há são variações, de acordo com a constituição física. Só que as diferenças não são significativas.

■ No geral, o pênis menos avantajado cresce mais durante a ereção do que o "mais dotado". Quando o vitio em ponto de bala, os pênis maiores tendem a enchar ser mais do que crescer. No final das contas, fica tudo do mesmo tamanho.

■ Se você ainda está na adolescência e o volume das calças é a sua maior preocupação, não esquente. Seu pênis começa a crescer aos 11 anos e só vai parar por volta dos 17.

É MENTIRA...

■ A sabedoria popular garante que se descobre os centímetros do pênis medindo pé, nariz ou dedos do dono. Bobela. Não há nada que comprove a relação entre a medida do membro com outra partes do corpo masculino.

■ Nacionalidade não tem nenhuma relação com o tamanho do pênis. Ninguém conseguiu provar até hoje se os negros são mais ou bem dotados do globo terrestre, tampouco se os asiáticos podem fetir isso nas regras.

■ Masculinidade não é proporcional aos centímetros do pênis. O que existe é uma questão de vaidade e auto-estima. Muitos homens acham que é documento matcá é sinônimo de virilidade, motivo de inveja e respeito por parte de outros machos.

VERDADES E MENTIRAS RETIRADAS DE: *O LIVRO DO PÊNIS*, DE MAGGIE PALEY, ARMANDO A BARRACA, DE NICK FISHER

CAPÍTULO VIII

De Gutenberg aos nossos dias
(datas que marcaram a vida da imprensa)

História da imprensa (no Brasil e no mundo)

1455
A Bíblia, de Gutenberg, é o primeiro livro impresso em tipografia.

105
Por volta desse ano os chineses inventam o papel, suporte fundamental para o desenvolvimento da imprensa.

59 a.C.
Por vontade e ordem do imperador Júlio César, surge em Roma as *Acta Diurna*, folhas de notícias da vida romana afixadas em toda a cidade.

1438
Gutenberg inventa, em Estrasburgo (França), a tipografia, processo de impressão a partir de tipos em relevo. Veloz, para quem até então só dispunha dos manuscritos, a reprodução tipográfica permite a edição de cadernos de até 16 páginas.

1464
Instala-se no convento de Sibiaco, próximo a Roma, o primeiro centro italiano de tipografia e impressão, onde são impressos o *De Civitate Dei*, de Santo Agostinho, e o *De Oratore*, de Cícero, entre 1465 e 1467.

1497

Tido como o primeiro impressor português, Rodrigo Álvares publica dois trabalhos escritos pelo bispo Dom Diogo de Sousa. São as *Constituições Sinodais* e *Evangelhos e Epístolas*, os primeiros livros em língua portuguesa.

1605

Na Antuérpia (cidade belga), surge o periódico bimensal *Nieuwe Tijdinghen* (Notícias da Antuérpia), o primeiro jornal da Europa, nascido de um boletim comercial alimentado pelas informações coletadas pelos mercadores em suas viagens pelo mundo.

1702

Surge o primeiro jornal diário do mundo, o *Daily Courant*, uma única folha impressa só na parte da frente. Dele nasceria a escola anglo-saxônica, segundo a qual a objetividade é a virtude essencial do jornalismo.

1539

É criada a primeira gráfica das Américas, no México, com a autorização do vice-rei Mendonza. São impressos, de início, abecedários destinados à catequização dos índios, alguns livros de piedade e alguns tratados jurídicos. O México torna-se um polo de publicações, com produção superior à de muitas cidades europeias.

1695

Acaba o Licensing Act, espécie de licença concedida pelo governo britânico para a publicação de jornais. A partir de então, a imprensa inglesa passa a gozar de uma liberdade relativa e a firmar um papel importante no sistema político do país.

1746

O tipógrafo português Antonio Isidoro da Fonseca instala a primeira tipografia do Rio de Janeiro. Um ano depois, tem seus bens sequestrados e queimados e é deportado para Lisboa, por ordem de Portugal.

1789 a 1800

A Revolução Francesa dá impulso extraordinário à imprensa. Nesses onze anos, são publicados mais de 1.500 títulos novos, duas vezes mais que nos 150 anos precedentes.

1734

O editor do *The New York Weekly Journal*, John Peter Zenger, que havia sido preso por atacar o governo do estado de Nova York, vence o processo judicial contra o *New York Weekly Gazette*, que era controlado pelo governador, William Cosby. Estabelece-se assim a liberdade de imprensa nos Estados Unidos.

1808

Com a chegada da corte portuguesa ao Brasil, surge a Impressão Régia, onde se imprimem leis e papéis diplomáticos e se exerce a censura prévia. Em 1º de junho é editado, em Londres, o primeiro número do *Correio Braziliense*. Hipólito José da Costa o imprime clandestinamente para escapar da censura. É, na verdade, uma revista doutrinária, defensora da liberdade de imprensa e da Constituinte. Em 10 de setembro, é publicado o primeiro número da *Gazeta do Rio de Janeiro*, jornal oficial, feito na Impressão Régia, destinado a informar as ações administrativas e a vida social do Reino.

1814

O alemão Friedrich Koening cria a impressora a vapor, capaz de imprimir até 1.100 exemplares por hora. Em 29 de novembro, o inglês *The Times* passa a ser o primeiro jornal impresso com a nova técnica.

1820

Às vésperas da independência, surgem várias publicações pelo país. O *Revérbero Constitucional Fluminense* tem papel importante na campanha para a convocação da Assembleia Constituinte de 1823. A *Malagueta* é um jornal independente e defensor das ideias liberais. A imprensa brasileira caracteriza-se, até 1880, pelas publicações panfletárias em defesa de ideais políticos e sociais da época.

1821

Em 28 de agosto, Dom Pedro I decreta o fim da censura prévia. No mesmo ano, surge o *Diário do Rio de Janeiro*, considerado o primeiro jornal informativo do país.

1823

Frei Caneca lança o *Typhis Penambucano*, em defesa da liberdade de imprensa e contra a escravidão. É fuzilado no Recife em 15 de janeiro de 1825.

1851

É fundado o *New York Times*, jornal bem-escrito que dava grande importância à literatura e aos assuntos de interesse das mulheres.

1835

Nasce, na França, a primeira agência de notícias do mundo, a *Agência Havas*. Usa pombos-correios para passar informações financeiras da Bolsa de Londres.

1852 a 1853

Os jornais publicam em folhetins obras de grandes escritores brasileiros, entre as quais *Memórias de um Sargento de Milícias*, de Manuel Antônio de Almeida, *O Guarani*, de José de Alencar, *A Mão e a Luva* e *Iaiá Garcia*, de Machado de Assis.

1860 a 1870

As máquinas rotativas, que usam o papel em bobina, são criadas simultaneamente nos Estados Unidos, na Inglaterra e na França. Imprimem tiragens de 12 mil a 18 mil exemplares por hora.

1891

Em 9 de abril, Joaquim Nabuco e Rodolfo de Souza Dantas fundam o *Jornal do Brasil*.

1910

Os grandes jornais do Rio de Janeiro e de São Paulo instalam ou ampliam escritórios de correspondentes em Londres, Paris, Roma, Lisboa, Nova York, Buenos Aires, Montevidéu e Santiago do Chile.

1876

Nascido um ano antes, *A Província de São Paulo* vivia de anúncios e de assinaturas até que, em 23 de janeiro de 1876, dá início à venda avulsa. A população não reage bem à novidade; considera que o método daria início à mercantilização da imprensa. Em 1890, passa a chamar-se *O Estado de São Paulo*.

1892

O jornal informativo do governo passa a chamar-se *Diário Oficial*.

1912

Lenin funda, na União Soviética, o jornal *Pravda*, que circula até 1922 e chega a alcançar 10 milhões de exemplares.

1928

Os *Diários Associados* lançam *O Cruzeiro*, no Rio de Janeiro, a primeira revista semanal brasileira de circulação em todo o país.

1923

É lançada a americana *Time*, revista semanal de notícias fortemente opinativas, o mais poderoso meio de comunicação dos Estados Unidos durante várias décadas.

1924

Ao assumir *O Jornal*, Assis Chateaubriand dá início ao primeiro império de comunicação do país, os *Diários Associados*, que toma este nome logo após a Revolução de 1930 e que nos anos 90 passaria a chamar-se *Associados*.

1934 a 1945
Durante o Estado Novo, Getúlio Vargas cria o Departamento de Imprensa e Propaganda (DIP), que instala a censura e veta o registro de 420 jornais e de 346 revistas.

1960
O jornal *Correio Braziliense* volta a circular no dia da inauguração de Brasília, 21 de abril.

1950
Victor Civita funda a Editora Abril, em São Paulo. Sua primeira revista, *O Pato Donald* chega às bancas com uma tiragem de 82.370 exemplares.

1959
A reforma do *Jornal do Brasil*, que viria a mudar o modelo de jornal feito até então, é paulatina. Começa em 1957, quando o *JB* compra uma nova impressora e faz uma mudança gráfica no jornal, retira os fios, faz uma diagramação mais limpa e passa a valorizar as fotografias.

1960 a 1980
Surgem vários jornais de oposição ao regime militar, entre os quais *O Pasquim*, *Opinião*, *Movimento* e *Em Tempo*.

1984

Depois de uma pesquisa cujo resultado demonstrou que a população desejava eleger o sucessor do presidente João Batista Figueiredo, o jornal *Folha de São Paulo* encampa a campanha Diretas Já, pela eleição do novo presidente da República. Dois anos depois, alcança o posto de primeiro jornal do país em volume de vendas, desbancando assim *O Globo*, que mantinha a liderança desde a década de 1930.

1968

Criado o Conselho Superior de Censura. O Estado de São Paulo sofre atentado praticado por terroristas de direita. Lançada a revista *Veja e Leia*, da Editora Abril, mais tarde *Veja*.

1962

O Decreto 1.177 define o profissional de jornalismo e suas funções e condiciona o exercício do jornalismo ao diploma de curso superior e ao registro no Ministério do Trabalho.

1975

O jornalista Wladimir Herzog é assassinado nas dependências do DOI-CODI, em São Paulo. A morte de Herzog produz uma grave crise na ditadura militar, provoca reações da sociedade civil e expõe o que de pior ocorria durante o regime instalado em 1964: prisão, tortura e morte de militantes de esquerda.

1995

No dia 12 de maio, a *Folha de São Paulo* alcança a maior circulação da história da imprensa brasileira, 1.613.872 exemplares, empurrada pelo lançamento de um atlas histórico que acompanha a publicação. Em maio, o *Jornal do Brasil* inaugura o primeiro jornal eletrônico do país, o *JB Online*.

1999

Estudo realizado pela Freedom House em 186 países informa que somente em 69 países existe imprensa livre. Outros 51 têm jornalismo parcialmente livre e 66 censuram a mídia eletrônica. Só nesse ano, 71 jornalistas são assassinados no Brasil e oitenta, presos.

2002

O jornalista americano Daniel Pearl, do *Wall Street Journal*, é sequestrado e assassinado por extremistas islâmicos no Paquistão.

1991

Jornalistas africanos redigem uma declaração de princípios para uma mídia livre, independente e pluralista, a Declaração de Windhoek. Tem início a comemoração do Dia Mundial da Imprensa.

2000

Em 1º de julho, o *Correio Braziliense* inaugura seu novo projeto gráfico e editorial. Depois da reforma de 1959 do *Jornal do Brasil*, a do *Correio* é a mais inovadora e radical da imprensa brasileira.

BIBLIOGRAFIA

1. BLOOM, Harold. *Como e Por Que Ler*. Rio de Janeiro: Editora Objetiva, 2001. Bloom é professor das universidades de Yale e de Nova York. Um dos mais celebrados críticos literários americanos, ele se socorre de poemas, contos, romances e peças teatrais para mostrar como e por que devemos cultivar o hábito da leitura. Informação, observa Bloom, "está em toda parte. Mas onde está a sabedoria?"

2. COWLEY, Malcolm (coord.). *Escritores em Ação – As Famosas entrevistas à Paris Review*. Rio de Janeiro: Paz e Terra, 1968. Um grupo de escritores famosos, entre eles Alberto Moravia, Ernest Hemingway, George Simenon, Henry Miller e Truman Capote, fala de suas obras e de suas técnicas de narração.

3. SODRÉ, Nelson Werneck. *A História da Imprensa no Brasil*. Rio de Janeiro: Civilização Brasileira, 1966. Existem vários livros sobre a trajetória da imprensa no Brasil, mas o de Werneck Sodré se tornou um clássico. É o mais abrangente. E o que melhor contextualiza os fatos.

4. KNIGHTLEY, Phillip. *A Primeira Vítima*. Rio de Janeiro: Nova Fronteira, 1975. A primeira vítima de uma guerra é a verdade. O autor, jornalista inglês, reconstitui a verdade sobre diversos conflitos que marcaram a história da humanidade – da Guerra da Crimeia à Revolução Russa de 1917, da Primeira Guerra Mundial à Guerra do Vietnã. E mostra como correspondentes de guerra foram enganados e enganaram a opinião pública dos seus países.

5. MALCOLM, Janet. *O Jornalista e o Assassino*. São Paulo: Companhia das Letras, 1990. Malcolm abre o livro com uma afirmação devastadora: "Qualquer jornalista que não seja demasiado obtuso ou cheio de si para perceber o que está acontecendo sabe que o que ele faz é moralmente indefensável". E prossegue nessa linha a respeito do exercício do jornalismo e do dever com a ética.

6. CAVALCANTI FILHO, José Paulo (org.). *Informação e Poder*. Rio de Janeiro: Record, 1994. Jornalistas, professores e advogados discutem a liberdade de informação e os limites à prática dessa liberdade.

7. RAMONET, Ignacio. *La Tiranía de la Comunicación*. Madrid: Temas de Debate, 1998. Autor de muitos livros sobre cultura, política e estratégia internacional, professor de universidades francesas e diretor do periódico mensal *Le Monde Diplomatique*, Ramonet reflete sobre imprensa, poderes, democracia e o excesso de informações que desinforma e oprime o ser humano.

8. DIZARD Jr., *A Nova Mídia*. Rio de Janeiro: Jorge Zahar, 1997. Membro do Center for Strategic and International Studies, de Washington, e professor de comércio internacional da Georgetown University, o autor se debruça sobre o desenvolvimento dos meios de comunicação de massa na era da informação e tenta prever o futuro deles.

9. MENCKEN, H. L. *O Livro dos Insultos*. Seleção, tradução e prefácio de Ruy Castro. São Paulo: Companhia das Letras, 1988. Mencken foi o mais famoso jornalista americano nas décadas de 1920 e 1930. E também o de humor mais corrosivo. É dele a frase: "Todo homem decente se envergonha do governo sob o qual vive". O livro reúne alguns dos seus melhores artigos.

10. LOCKWOOD, Robert. *El Diseño de la Noticia*. Barcelona: Ediciones B, S.A., 1992. Há novos dispositivos de informação para além do texto e da fotografia que ainda predominam nos jornais. O livro ensina com estudos de caso como empregar melhor tais dispositivos e como tornar os jornais visualmente mais atraentes.

GRÁFICA PAYM
Tel. (011) 4392-3344
paym@terra.com.br